人性的弱点

(美)戴尔·卡耐基 著　文轩 译

图书在版编目（CIP）数据

人性的弱点 /（美）戴尔·卡耐基著；文轩译. —北京：中国书籍出版社, 2020.6
ISBN 978-7-5068-7746-6

Ⅰ.①人… Ⅱ.①戴…②文… Ⅲ.①心理交往—通俗读物 Ⅳ.① C912.11-49

中国版本图书馆 CIP 数据核字（2020）第 044692 号

人性的弱点

（美）戴尔·卡耐基 著　文轩 译

图书策划	成晓春　崔付建
责任编辑	成晓春
责任印制	孙马飞　马 芝
出版发行	中国书籍出版社
地　　址	北京市丰台区三路居路 97 号（邮编：100073）
电　　话	（010）52257143（总编室）（010）52257140（发行部）
电子邮箱	eo@chinabp.com.cn
经　　销	全国新华书店
印　　刷	三河市华东印刷有限公司
开　　本	880 毫米 ×1230 毫米　1/32
字　　数	200 千字
印　　张	8.75
版　　次	2020 年 6 月第 1 版　2020 年 6 月第 1 次印刷
书　　号	ISBN 978-7-5068-7746-6
定　　价	58.00 元

版权所有　翻印必究

本书的编写方式和原因

在20世纪的前35年里,美国出版商出版了500多万本形形色色的书籍,数目巨大。然而,大部分书都因枯燥乏味而滞销亏本。没错,我说的确实是"大部分"! 全球最大出版集团的总裁曾经向我坦陈,尽管他的公司在出版界已经屹立了75年,但是在其出版的每8本书中就有7本亏本。

你大概会问,既然出版形势如此严峻,你为何还要冒这么大风险再写一本呢?即使出版了,又有什么价值吸引读者呢?

这两个问题都问得很好,我会尽力一一作答。自1912年以来,我一直在纽约为商界和职场人士做专业演讲培训。起初,我只是讲授演说技巧,用我自身的实际经验来训练成年人,让他们在商务洽谈及众目睽睽之下能够冷静、清晰、有效地表达自己的想法。

寒暑更迭,岁月如梭,随着课程的进展,我强烈意识到,这些成年人不仅需要提高沟通技巧，更需要授予他们在日常商务和社交活动中与人相处的技巧。

同时，我逐渐意识到自身也需要这方面的训练。每每回忆起过去，我经常会因相关知识的匮乏而深感焦虑。我想，要是二十年前就有这么一本书放在我手中那该有多好，我一定会感到如获至宝！

人际关系大概是你我生活中需要面对的最大难题，无论你是家庭主妇、建筑师，还是工程师，人际关系都无处不在，对于商务人士更是如此。几年前，我们在卡耐基教学促进基金会的支持下，进行了一项调研，发现并证实了一个重要的社会现象：即使在像工程这样以技术为先的领域，一个人大约15%的金钱收益倚赖于他的技术知识，而约85%的收益要倚赖于人际沟通，即其人格魅力和领导才能。

多年来，每个学季，我都会去费城工程师俱乐部和美国电气工程师学会的纽约分会开设课程。总计逾1500多名工程师全程跟进了我的课程。这些人之所以来听课，是因为他们经过多年的观察和经验，发现拿高薪的工程师通常并不是专业最强的人。例如，人们以正常的薪资聘请技工、会计、建筑设计人员或其他专业人士。但往往只有那些既懂专业知识，又善于表达并兼备领导团队能力的人，才有机会获得高薪。

约翰·洛克菲勒曾在事业巅峰时期断言："假如与人交往的能力就像糖或咖啡一样可以买到，我宁愿付出比世界上任何商品的价值都高昂的代价来获得这种能力。"

你或许会想，既然这种能力如此受重视，那么每所大学都应该开设人际关系这门课程，来开发和增强我们利用这种宝贵知识财富的能力，难道不是吗？可惜的是，直到我写本书的时候，我尚未发现有哪所学校设有这一实用的常识性课程。

芝加哥大学和联合YMCAS学校曾作过一项调查，探究成年人想要学习何种课程。

这一调查耗资25000美元，历时两年。调查的最后一站在康涅狄格州的梅里登进行。那是一个典型的美国小镇。该镇的每个成年人都参与填写了一份包含156个问题的调查问卷，例如"你的业务或专业是什么？你的教育？你如何度过你的业余时间？你的收入是多少？你的爱好？你的抱负？你的困扰？你最感兴趣的科目是什么？"等等。调查结果显示，成年人最感兴趣的是健康问题，其次是与人相处的问题，包括如何待人接物、如何理解他人、如何讨人喜欢以及如何让他人认同自己的观点，等等。

这一项目的调研委员会最终决定在梅里登为成年人开设人际关系相关课程。他们费尽周折，却很难找到一本关于这个主题的实用教材，一本都没有。最后，他们找到了世界上一位在成人教育方面的杰出行家，了解教材的有关信息。这位权威人士叹息说："你们找的还真没有啊！我知道成年人需要什么样的指导，但满足他们需要的书还没被写出来呢。"

的确如此。因为我自己多年来也一直在苦苦追寻这样一本关于人际关系的实用工作手册，同样无功而返。由于市面上没有这样的书，我最终决定亲自为我的课程撰写教材。现在呈现在您面

前的正是这本书，希望能得到您的喜爱。

为了写好这本书，我寻遍了有关这一主题的所有资料。包括报纸专栏、杂志文章、家庭法院案例记录、古代哲人的文献和现当代心理学著作。此外，我还聘请了一位训练有素的研究员协助我的工作，我们花了一年半的时间在各个图书馆查询、梳理各种心理学方面的专著，阅读成千上万篇杂志文章以及无数伟人传记，试图借此发掘出从古至今的卓越领导者在人际交往上的独到之处。我们共同研读了所有伟大领袖的生平故事，从朱利叶斯·恺撒到托马斯·爱迪生，光西奥多·罗斯福的传记就有上百个版本。我们下定了决心，要不惜一切代价，争分夺秒地去挖掘史上每一条实用的与人相处之道。

此外，我还亲自大量走访了许多名人雅士，其中不乏举世闻名的各界领袖，其中包括发明家马可尼和爱迪生，政治领袖像富兰克林·D.罗斯福和詹姆斯·法利，商业精英欧文•杨，电影明星克拉克盖博和玛丽·碧克馥，探险家马丁·约翰逊等。试图通过深入采访研究他们维护人际关系的技巧。

从所有这些材料中，我准备了一个简短的讲稿，名为《如何赢得朋友并影响他人》。当时这的确是一篇非常简短的文字，但很快它就演变为长达一个半钟头的演说辞。多年来，每个季度我都会在纽约卡耐基学院讲给那里的成人学员们听。

在宣讲的同时，我鼓励学员们勇于实践，把所学的知识运用到工作和社交当中，然后将自身的体验带回课堂和同学们分享。这是一件非常有趣的事。那些渴望成功的学员们，完全被这门课牢牢吸引住，听得津津有味。可以说，这是人类历史上最早创立的、唯一的成人人际关系课程。

因此本书的写成并非一蹴而就，而是如同孩童的成长一般，通过对周遭世界的不断探索构建而成。这些探索来自上千名学员的真实经历。

几年前，我只是把一些支离破碎的人际法则写在一张不超过明信片大小的卡片上，逐渐收集整理好，把它们印在较大的纸张上，再后来就整理成册，最后竟然成了一本书。每一次印刷，都会有修改和增补。经过十五年的实验和研究，这本书终于问世了。

这本书绝不是理论堆砌或天马行空的想象，它的确有"化腐朽为神奇"的现实指导意义。听起来令人难以置信，但这都是我亲眼所见、亲耳所闻的，很多人在运用这些原则之后，人生都获得了实质性转变。

我有一位学员是企业家，管理着314名员工，长期以来，他总是喋喋不休地批评和谴责他的员工，从未说过一句感谢或鼓励的话。在接触并学习了这本书里的原则后，这位管理者的处事态度有了极大转变，公司面貌也焕然一新，员工变得热情忠诚，充满团队合作精神。由原来的314名剑拔弩张的"敌人"变成了314个朋友。正如他在一次班级演说中自豪地说："以前在公司里，没有一个人跟我打招呼。当他们看到我走近时，总是转移视线；但是现在，他们都成了我的好朋友，连守门人都直呼我的名字呢。"

这位企业家的事业蒸蒸日上，而且现在拥有更多闲暇时光。最重要的是，他从家庭和工作中找到了更多快乐。

通过使用这些原则，无数销售人员的销售额大幅增加，曾经将他们拒之门外的企业也成了他们的新客户。高管们因此获得了更多的权力和更高待遇。其中一位高管汇报说他的工资增长很大，因为他应用了这些待人接物的技巧。另一位是费城燃气公司的一名高管，以前喜欢争胜好强，也没有多少领导才能。在他65岁时，公司准备给他降职。幸运的是，培训不仅帮助他摆脱了这一危机，还给他带来了升职加薪的机会。

每学期课程结业的宴会上，都会有人特意来告诉我，自从他们的丈夫或妻子开始接受训练以来，他们的家就更幸福了。这样的事情，我听到不止一次。学员们对自身的改变带来的影响欣喜不已，感觉不可思议。他们迫不及待地想要和我分享这些成果，甚至等不及上课，在周日就提前打来电话汇报。

一个学员因为某节课上讲授的原则激动万分，于是和同伴们互相探讨，一直聊到凌晨3点。最后，其他人都已经回家了，他仍然激动得彻夜难眠，仿佛看见了自己无限美好的未来。

这个学员是一个没有学识、没见过世面、一接触新事物就兴奋的人吗？不，远非如此。他是一位专事艺术品交易的商人、交际场中的花花公子；他念过两所欧洲大学，能够流利地运用三种语言。

在撰写这篇序言的时候，我收到了一位德国贵族的来信，他的先辈曾在霍亨·索伦王朝的军队中担任要职，服役了几代人。他是在横渡大西洋的邮船上给我写下这封信的，热情洋溢地讲述了这些原则的应用，他对待这些原则如宗教信仰般虔诚。

还有一个人，他是位老纽约，一个哈佛大学毕业生，一家大地毯工厂的老板，非常富有，他说这些处世法则让他受益很大，仅仅14个星期，甚至远远超出他大学四年的全部所学。荒诞吗？可笑吗？神奇吗？当然，你有权用你想要的任何形容词来驳回这个陈述。我只不过是不加任何评论地向你汇报1933年2月23日（星期四）在纽约耶鲁俱乐部的一次聚会，这位举止保守而事业卓越的哈佛毕业生，向在座的近六百人说出了以上感言。

著名的哈佛大学教授威廉·詹姆斯说："和人类所具备的潜能相比，我们仍处于蒙昧之中。人类的身心力量只有极小部分得到了发挥。广义而言，人类个体远未到达极限。人类囿于自身习惯，从未将与生俱来的诸多能力发挥至极致。"

本书的终极目标，就是帮助我们释放自身潜能，帮助您挖掘"与生俱来的诸多能力"，唤醒潜能并从中获益。普林斯顿大学前校长约翰·希本博士曾经说过："要应对生活中的各种问题，唯有学习。"

如果当你读完本书的前三章时，你还不能够较以往更胜一筹地应对生活，那么这本书对于您来说就是失败的。诚如赫伯特·斯宾塞所言："教育的最大目的并非增进知识，而是增进行动。"

而阅读此书的目的，就是需要你付诸行动。

戴尔·卡耐基

1936年

关于如何充分利用本书的九点建议

1.如果你想让此书发挥最大效用,那么有一个要求必不可少,这一点比任何规则或技巧都重要。如果你不具备这一先决条件,那么即使有关于如何学习的千条规则都毫无意义。如果你确实拥有这个基本禀赋,那么,你不必细读这些建议都有可能创造奇迹。

创造奇迹的前提条件是什么?是一种深刻的、强烈的学习欲望,只有强烈的求知欲才会坚定您的决心,才会源源不绝地激励您,提高人际交往能力。

如何培养这种学习欲望?请在日常生活中不断提醒自己这些原则对你有多重要。想象一下这些原则将如何帮助你走向一个更为充实、幸福和美满的人生!。反复提醒自己:"我的影响力、我的幸福感、我的人生价值,完完全全有赖于我与他人的沟通技巧。"

2.首先快速浏览每一章节，大致了解全书的结构。如果纯粹为了消磨时间，请不要急着精读。如果你阅读此书是为了提高人际关系技能，那么请回过头来仔细阅读每一章。从长远来看，这会取得事半功倍的效果。

3.阅读，不要囫囵吞枣，要思考品味，反省自己该如何、该在何时恰当地运用这些知识。

4. 阅读时手握一支蜡笔、铅笔、钢笔、魔术笔或荧光笔。当您遇到您认为可以运用的建议时，请在旁边画一条线。如果那是一条四星级的建议，那么用下划线或突出显示它，或者用"※"标注它。标注和强调一本书会使它更生动有趣，更容易快速查看。

5.我认识一位曾在大型保险公司担任过15年办公室经理的女士。每个月，她都阅读她当月签署的所有保险合同。这些合同有许多是重复的，她一年又一年坚持审读所有合同。为什么？因为经验告诉她，这是她能够清楚地将条款牢记于心的唯一方法。我曾经花了差不多两年的时间撰写一本关于公开演讲方面的书，但我发现在写作过程中我不得不时常回头阅读它，才能记住写过的内容。人们遗忘的速度是惊人的。

所以，如果你想从本书中受益，绝不要匆匆浏览一遍，然后束之高阁。通读本书后，最好每个月花几个小时回顾一下。每天都把它放在你面前，经常翻一翻，加强对知识的记忆。请记住，只有通过持续而有力的温习和运用，只有不断积极地温习并应用，才能将理论变为习惯。学习没有捷径可走。

6. 萧伯纳曾经说过："如果你教会一个人所有事情，那么他永远不可能学有所长。"他说得对。学习是一个积极的过程。我们在实践中学习。所以，如果你想掌握本书中学习的原则，那么就要付诸行动。一有机会就应用这些原则。如果你不这样做，你会很快忘记它们。只有运用过的知识才会在你的脑海中浮现。

或许您认为很难做到时时刻刻把这些知识都变成实践，对此我也理解。事实上，即使在我写本书的过程中，我也很难把书中的所有法则、建议全部应用到生活中。例如，当你不高兴时，你往往更倾向于批评和谴责他人，而不是接纳他人的观点；谈论你想要什么比讨论对方想要什么更自然，等等。所以，在阅读本书时，请记住，您不仅仅是在尝试获取信息，而是在尝试培养新的良好习惯。你是在探索一种全新的生活方式。这需要你付出时间、毅力和每一天的实践。

所以，请你常常翻阅此书。无论何时，当你遇到生活中的麻烦时，把它当成一本人际关系的工作指南。不论何种场合，教育子女也好，说服家人也好，或者平息客户的怒火时，您首先要做到不冲动，因为冲动永远是不对的。接下来，您应该求助本书，看看您之前在书上做的标记，请尝试书中的建议去应对，最后看看，是不是会有奇迹发生。

7.处理与配偶、子女或同事之间的人际关系时，若您没有做到书上的要求，可以试着给对方一角钱或一美元，以表示对自己的惩罚。这样，学习知识的过程，就变成了一个充满生机和活力的游戏。

8.华尔街一家重要银行的总裁曾经在我的一次课堂上,向大家讲述了一个他用来自我提升的高效方法。这名男子几乎没有接受过正规学校教育,但他已成了美国盛名远扬的金融家,他承认,他的成功很大程度归功于一套自创的方法。我会尽可能用他的原话来描述:

"多年来,我一直坚持写日记,日记里记录着我当天的所作所为。我的家人从不为我安排周六晚上的活动,他们知道那是我固定用于自省和自我评估的时间。晚餐后,我独处一隅,打开日记本,回顾一周以来所经历的会谈、讨论和会议,我问自己:

"那段时间我犯了什么错误?我正确处理了哪些事情?我该如何改进?我可以从这些经历中吸取什么教训?

"那时候,我总感觉这种回顾让我很不开心。我常常震惊于自己的过失。当然,随着时间的推移,我犯错的概率越来越小。经过这样反复的反省,我变得轻松多了。年复一年,这一自我分析、自我教育的习惯我坚持了下来。这个习惯对我人生的影响颇大。

"它帮助我提高了做出决断的能力,对处理人际关系帮助极大,我很乐意向大家推荐。"

我们不妨采用类似的习惯来检查自己实践本书原则的过程,如果您照做了,就会发现两种效果:

首先,书中所讲的知识非常珍贵。

其次,处理人际关系的能力迅猛提升。

9.书的最后留有几个空白页,那是为你备用的,用于记录你在应用这些原则方面取得的成果。写下你的姓名、日期及结果。

这些记录将激励你做出更大的努力。想想看，或许很多年后，当您再次翻看这些内容，会发现其乐无穷。

再简单重复一次，想要最大限度地从本书中获益，请做到以下9点：

（1）培养对掌握人际关系技巧的强烈求知欲。

（2）把每一章都认真读两遍，再继续读下一章。

（3）一边阅读，一边不断思考该如何运用每一个原则和建议。

（4）对每一个重要的观点用下划线重点标。

（5）每月温习一下这本书。

（6）一有机会就应用这些原则，把本书当作解决日常问题的行动指南。

（7）把学习过程当作游戏，每当朋友抓到你违反原则，就给他们一角钱或是一元钱。

（8）每周回顾自己是否进步。问问自己你犯了什么错误，有什么改进，收获了哪些经验。

（9）在此书末尾的空白处详细记录你运用此书原则的点点滴滴。

目录

第一部分 人际交往的基本技巧

1. 想采蜜就不要招惹蜂巢 / 002
2. 与人打交道的大秘密 / 015
3. 换位思考，替他人着想 / 029

第二部分 让人们喜欢你的6个诀窍

1. 做到这一点，你会随时随地受欢迎 / 050
2. 保持微笑，给人留下良好的第一印象 / 065
3. 记住他人的名字 / 074
4. 善于倾听，成就优秀交流者 / 084
5. 如何让对方感兴趣 / 095
6. 如何立即让人们喜欢你 / 101

第三部分　获得赞同的12个方法

1. 争论没有赢家　/ 116

2. 如何避免树敌　/ 124

3. 如果你做错了事，马上承认它　/ 136

4. 一滴蜂蜜　/ 143

5. 苏格拉底的说话技巧　/ 153

6. 给他人说话的机会　/ 160

7. 怎样赢得合作　/ 166

8. 换位思考　/ 173

9. 体谅他人的想法　/ 179

10. 让对方无法拒绝　/ 188

11. 让你的表达更有戏剧性　/ 194

12. 让他人面临挑战　/ 200

第四部分　影响和改变他人的9个法则

1. 如果你想指出错误，请用这种方式　/ 206

2. 如何批评，又不招致烦恼　/ 211

3. 首先承认你自己的错误　/ 215

4. 没有人喜欢被命令　/ 218

5. 给对方面子　/ 221

6. 如何激励人们走向成功　/ 226

7. 赞美能彻底改变一个人　/ 232

8. 鼓励对方勇于改变　/ 237

9. 让人们乐意接受你的建议　/ 242

第五部分　创造奇迹的信件　/ 247

· 第一部分 ·
人际交往的基本技巧

1. 想采蜜就不要招惹蜂巢

连锁百货公司的创始人约翰·瓦纳梅克曾承认:"30年前我就知道,指责别人是愚蠢的举动。我已经有够多麻烦事了,没必要再去为上天是否公平分配而烦恼。"

瓦纳梅克很早就懂得了这个道理,而我在故步自封的世界里寻觅了几十年,才终于领悟到:99%的人,无论做错什么事情,都不会批评自己。批评只是徒劳,因为它往往使受批评者处于自我辩白的状态,他会竭力证明自己所为的正确性。批评是危险的行为,因为它伤害他人弥足珍贵的自重和骄傲,并引发怨恨。

世界著名心理学家B.F.斯金纳通过实验证明:得到奖励的动物比受到惩罚的动物学习更快,学习效果也更加显著。后来研究表明,这个规律同样适用于人类。指责和批评,不能让人做出持久的改变,反而会招来怨恨。

另一位伟大的心理学家汉斯·塞利也曾说过:"我们有多么渴

望赞许，我们就有多么讨厌谴责。"

批评引发的怨恨会使员工、家人和朋友士气低落，而且，也无利于扭转糟糕的局面。

俄克拉荷马州伊尼德市的乔治·约翰斯顿是一家工程公司的安全协调员，他的职责之一是确保员工在工地上戴上安全帽。每当他遇到没戴安全帽的工人时，都会搬出相关权威的规定，勒令他们必须遵守。员工虽然闷闷不乐地接受了，但等他一走，就会立即把帽子摘掉。

于是约翰斯顿决定换一种方式。当他下次发现一些工人没戴安全帽时，就设身处地地询问帽子是不舒服还是不合适。然后，他用愉快的语气提醒那些人，安全帽是为了保护他们免受伤害，建议他们戴上帽子以保障自己的安全。这样一来，员工的抵触情绪大大降低，违规的现象也显著减少。

穿越历史的长河，你不难发现，批评无济于事的例子比比皆是。例如，西奥多·罗斯福和塔夫脱总统有过一次著名的争吵。其结果导致共和党内部分裂，伍德罗·威尔逊趁机入住白宫，给第一次世界大战留下极大冲击，改变了历史的进程。让我们快速回顾一下这段历史。当西奥多·罗斯福于1908年离开白宫时，他支持塔夫脱竞选总统。随后，西奥多·罗斯福去了非洲狩猎狮子。当他回来时，却发现塔夫脱行事保守，他甚是恼火。他公开谴责塔夫脱，并且组建了"进步党"，亲自角逐第三任总统职位。这无异于瓦解共和党，在接下来的竞选中，塔夫脱和共和党仅赢得了佛蒙特州和犹他州的选票。这是共和党有史以来最惨痛的失败。

西奥多·罗斯福指责塔夫脱，塔夫脱会买账吗？当然不会，塔夫脱含着泪水辩解道："我不明白，我哪些地方做得不对。"

再说说举国震惊的茶壶敦石油丑闻。在国人的记忆中，此前从没发生过如此丑恶之事。报纸在整个20世纪20年代前期把这件事炒得沸沸扬扬，至今令人记忆犹新。事情的来龙去脉是这样的：阿尔伯特·福尔时任哈丁总统（美国第二十九任总统）的内阁部长，被委派处理政府在埃尔克山和茶壶敦两地的石油储备租赁事宜，这些石油储备是专为海军预留的。那么，这位内阁部长有没有进行公开招标呢？没有。他直接将这份肥差转交给他的好友爱德华·多希尼。多希尼怎么做？他给福尔献上一笔10万美元的巨款。然后，福尔专横地命令海军陆战队开进油田，暴力驱赶附近的开采商。在枪炮和刺刀的威逼下，这些竞争者只好逃离。穷途末路的他们，一气之下冲进法院，将茶壶敦贿赂案揭发于众。这一丑陋交易令民众哗然，福尔锒铛入狱，哈丁政府和共和党的公信力也因此一落千丈。

福尔因此受到了排山倒海般的谴责。他对此悔悟了吗？完全没有！多年后，赫伯特·胡佛在一次公开演讲中暗示哈丁总统被朋友背叛，才会郁郁寡欢，含恨离世。当福尔夫人听到这个消息时，气得从椅子上跳起来，挥着拳头尖叫："什么！福尔背叛哈丁？胡说八道！我的丈夫从未背叛过任何人。哪怕有一屋子黄金放在他面前，他都不为所动。他才是被他人出卖、被迫害、被钉在十字架上的受害者。"

你瞧瞧，这就是人性。做错事的人，从来不会自责。我们人人如此。因此，当我们要批评某人时，先想想阿尔·卡彭和阿尔伯特·福尔。让我们意识到批评就像归巢鸽一样，最终会回到原地。所以，当我们要纠正、批评别人，别人同样会辩护，会反过来批评我们。正如温和的塔夫脱所说："我不明白，我哪些地方做得不对。"

林肯内阁中的陆军部长斯坦顿评论总统是"世上迄今为止最为杰出的人类领袖"。

那么，林肯成功与人打交道的秘诀是什么？我耗时十年研究了亚伯拉罕·林肯的一生，再耗时三年致力笔耕，完成了《林肯传》一书。我相信我已经对林肯的个性和家庭生活进行了详尽的研究。我也特别研究了林肯与人打交道的方法。他总是爱批评人吗？噢，是的。林肯年轻时在印第安纳州的鸽子溪谷生活，那时的他不单是批评人，还写信、作诗嘲讽人。为了引人注意，他把这些信故意丢在容易被人发现的路上。然而其中一封信招致了仇恨，让对方终生难以释怀。

即使在林肯成为伊利诺伊州斯普林菲尔德的执业律师之后，他还投书报刊公然抨击他的对手。不过，他只是偶尔为之。

1842年秋，林肯通过《斯普林菲尔德日报》发表的一封匿名信件将一个名为詹姆斯·希尔兹的好斗政客嘲讽了一番。整个城市都因为这篇文章笑得人仰马翻。敏感而虚荣的希尔兹勃然大怒。他查出信的始作俑者后便立即跳上马，直奔林肯而去，他要和林肯决斗。林肯不想打架，他反对决斗，但也只有这样才能挽回名誉。希尔兹让林肯自己挑选决斗的武器。考虑到手臂修长的优

势，林肯选择了一把骑兵大刀，并向一名西点军校的毕业生讨教刀术。约定决斗的那一天，林肯和希尔兹两人来到密西西比河岸的一处沙地，准备一决生死。庆幸的是，决斗即将开始的前一分钟，他们各自的后援将两人分开，从而终止了决斗。

这是林肯一生中最不光彩的一页，恰恰也给林肯在人际关系方面上了一课。自此，他再也没有写信侮辱别人，也从未再次指责和嘲笑过任何人。

在南北战争期间，林肯轮番更换波托马克军团的首领——麦克莱伦、波普、伯恩赛德、胡克、米德等人，却节节败退。北方的民众都在指责这些将军无能，然而林肯却秉承"不以恶待人，以仁爱相处"的原则，对此始终保持沉默。他最喜欢的一句话是"不去非议他人，他人也就不会非议你"。

当林肯夫人和其他人诅咒南方敌军时，林肯总是说："不要批评他们，倘若我们是他们，也会做同样的事情。"

然而，如果有一个人有资格抱怨的话，这个人一定是林肯。看到下面这件事之后，你一定会同意我的说法。

1863年7月1日，葛底斯堡战役打响了。战事进行到第四天，也就是在7月4日的夜晚，天空乌云密布，暴风雨肆虐，南部邦联的李将军向南撤退，当李将军和他溃逃的军队到达波托马克时，一条泛滥汹涌的大河横亘在他们面前，部队无法蹚越，紧随其后的是乘胜追来的联军，李将军身处绝境。林肯知道，这是一个千载难逢击溃敌军的好机会。他信心十足地命令米德将军，无须召开军事会议，立即向李的余部进攻。林肯发出电报后，又追派特使专程要米德立即执行命令。

那么,米德将军听从命令了吗?恰恰相反,他在踌躇之下竟违背上级的命令,以各种借口拖延,并电报回复拒绝发起进攻。最后,波托马克河水位下降,李及余部趁机顺利南撤。

林肯怒不可遏,"这究竟是为什么?"林肯向他的儿子罗伯特咆哮道,"老天呀!这究竟是为什么呀?他们就在我们眼皮底下,只要动动手指,他们就会乖乖就擒。然而无论我说什么都指挥不动这支部队。这种情况下,任何人都能轻而易举地把李将军拿下。要是当时我在那儿,我早就亲自上阵了!"

绝望之余,林肯还是决定坐下来写了封信给米德。要知道,盛怒下的林肯此时表现得已经相当克制。所以,这封写于1863年的信可以说是林肯措辞最为愤慨的表露。

亲爱的将军:

我认为你没有意识到李的部队成功撤逃所带来的严重后果。他本来已经是瓮中之鳖,我们只要伸一伸手就可以将他擒住,加上我们连胜的战绩,战争很快就会结束。可是,事到如今,战事绝对要拖延。上周一在有利的局面下你都没有拿下李将军,现在敌人已过了河,你又怎么可能战胜他们呢?何况你的兵力已经不及原有的三分之一。对此抱任何希望都是荒谬的,我已经对你的能力丧失信任。天赐良机被你白白错过。基于这一点,我沮丧至极。

你觉得米德在读这封信时会做何感想？

事实上，米德从未见过这封信。林肯从未邮寄过它。在他去世后，人们在他的遗稿中发现了这封信。

我的猜测是，林肯在写完这封信后，望着窗外对自己说："等一下。也许我不应该那么草率。我坐在静谧的白宫里对米德发号施令当然很容易，但如果我在葛底斯堡，目睹着家破人亡和血流成河，耳边呼啸着伤者的呻吟和尖叫，也许我也不会那么急于出兵。如果我有米德一样内敛的个性，也许我也会同他一般踌躇。无论如何，事已至此。如果我发出这封信，这固然发泄了自己的情绪，但米德一定会试图为自己辩护，甚至招致他反过来指责我。这样做只能引起不快，对将来他作为军中统帅发挥更大作用毫无意义，甚至会导致他辞职隐退。"

因此，如我此前所言，林肯把这封信搁置一边，因为惨痛的经历使得林肯明白：任何刻薄的指责和批评都毫无意义。

西奥多·罗斯福说，当他作为总统遇到一个令人困惑的问题时，他总是向后仰望着一幅悬挂在白宫桌子上方的林肯巨幅画像，并问自己："如果林肯的处境和我类似，他会怎么解决这个问题呢？"

以后，每当我们想要劝告某人时，让我们从口袋里掏出5美元的钞票，看着上面的林肯肖像，然后问自己："如果林肯遇到这个问题，他会如何解决这个问题？"

马克·吐温也经常发脾气，那会儿，他只要写信便会满纸火药味。有一次,他曾给一个引起他愤怒的男人写信:"你去死吧!你只要开口,我立刻送你上西天。"还有一次,他致信一位编辑,状告校稿人:"校对竟胆敢帮我修改拼写和标点符号。我命令你,以后出现此类情况,必须一字不漏地按我原稿发表,让校稿人的建议留在他自己糊涂的脑浆里吧。"

马克·吐温写了如此刻薄的信,发泄之后,心情自然会好一些。事实上,这些信件并没有给对方带去任何伤害,因为马克的妻子暗中将它们从邮件中取出,并没有寄出去。

您曾想过,要劝诫您熟悉的人改掉一些坏毛病吗?这个想法不错,我很赞同,但为什么不从自我做起?较之改变他人,改变自己的获益会更多。是的,而且其中的风险更少。俗话说得好:各人自扫门前雪,莫管他人瓦上霜。

我年轻的时候总是竭力想要在公众中引起轰动效应。我曾经贸然给美国文坛的泰斗理查德·哈丁·戴维斯写了封愚不可及的信。当时我正在给杂志写一篇介绍作家的文章,希望戴维斯能够告诉我他的写作方式。此前,我收到了一封别人的信,其脚注处是这样写的:"根据口述整理,未经本人审阅。"我为这句话深深折服,觉得此人一定是个大人物,忙到没空写亲笔信。那时,我并不忙碌,有的是时间,但我却急于想给戴维斯留下深刻印象。于是,在信的末尾,我也这样自命不凡地写道:"根据口述整理,未经本人审阅。"

戴维斯根本就不愿意认真作答。他只是把我的信原封不动地寄了回来,最下方潦草地写了一句:"你的鲁莽超出了你的无礼。"是的，我确实搞砸了，理应自食其果，然而人性的弱点令我恼羞成怒。直到十年后，当我听说理查德·哈丁·戴维斯的死讯时，这种情绪依旧萦绕心头。尽管我羞于承认这一点。

即便批评合情合理，你我一样可能会记恨终身——不管我们信还是不信，这都是事实。

在与人交往时，我们一定要明白——人并非理性生物。他们由情感驱使，被偏见支配，傲慢与虚荣是他们的动力之源。

来自他人尖刻的批评，让敏感的英国著名小说家托马斯·哈代放弃了小说创作，给英国文学带来了巨大损失；也让英国诗人托马斯·查特顿饮恨自尽。

本杰明·富兰克林年轻时笨手笨脚，年长后却能处事老练，擅长交际，因此被任命为美国驻法国大使。他的成功秘诀是什么呢？他说："我不愿意说他人的不是，对每一个人，我只谈论我所知悉的所有优点。"

只有傻瓜才批评、谴责和抱怨别人，而且大多数傻瓜的确是这样做的；而具有人格魅力和自制力的人往往理解、宽恕他人。

卡莱尔曾说："大人物通过善待小人物而突显其伟大。"

鲍勃·胡佛是位著名试飞员，经常出现在航空展上。《飞行操作》杂志有过这样一则报道：当胡佛驾机从圣地亚哥航空展返航洛杉矶时，不料在三百英尺的高空，两个发动机同时停止运转。胡佛急中生智，凭借高超的技巧最终使飞机安全降落，舱内机组人员毫发无损，但他驾驶的飞机却因这起事故而彻底报废。

紧急降落之后，胡佛立即检查了燃油。如其所料，他一直都在驾驶的这种"二战"时的螺旋桨飞机,此次使用的却是喷气式飞机机油,而非汽油。

返回机场,他找到为这架飞机加油的工人。这位年轻人正为自己犯下的错误痛苦不堪。看到胡佛向他走来,他泪流满面,因为他的疏忽不仅毁坏了一架昂贵的飞机,并且还可能夺去三条人命。

我们会自然地认为:一向爱惜荣誉、做事严谨的胡佛肯定会对那位粗心大意加油工大发雷霆。但胡佛并没有责骂加油工,甚至连批评都没有。相反他张开宽厚的双臂,给加油工一个大大的拥抱。他说:"我相信,你以后不会再犯类似的错误。为了证明这一点,从明天起你来为我的F-51飞机服务吧。"

往往,父母都会批评他们的子女。你认为我会说:"别这么做。"但我只想提一个小小的建议:在你批评他们之前,敬请阅读美国经典美文之作《爸爸忘记了》。该文最先出现在《大众家庭》的卷首。经作者许可,我摘抄《读者文摘》上发表的一段。

《爸爸忘记了》感情真挚,击中了许多读者的心弦,深受大众喜爱。作者W. 利文斯顿·拉尼德说:"自问世以来,它便被美国成百上千家杂志、家庭组织、报纸竞相转载,甚至被翻译为多国语言。我本人已经授权,它可以使用在学校、教堂和演讲厅,它无数次出现在广播电视节目中,连大学期刊和中学刊物也转载过。有时候,一篇神奇的小文章,竟可以出人意料地走红。《爸爸忘记了》就是其中的一例。"

爸爸忘记了

W. 利文斯顿·拉尼德

听着,儿子。当你睡着的时候,我正在和你说话,你的小手枕在脸下,黏糊糊的金色卷发搭在了湿润的前额。我一个人偷偷溜进了你的房间。就在几分钟前,我坐在书房看报,一股愧疚之情涌上心头。所以,我来到了你的床边。爸爸很内疚。

儿子,我想了许久,我对你确实太简单粗暴了。当你换衣服准备上学时,仅仅用毛巾胡乱地在脸上一抹,我就立刻责骂了你;你鞋子没有擦干净,我就立刻呵斥你去洗鞋子;你把东西掉在地板上,我也同样立刻训责你。

早餐的时候,我也在找你的茬。你把食物撒得到处都是,你狼吞虎咽,不懂吃饭礼仪,把胳膊肘放在餐桌上,你在面包里涂抹太多的牛油。而当你准备去玩耍的时候,我正要赶火车。你对我转身挥手说:"爸爸,再见!"可我却皱着眉头说:"挺胸抬头!"

下午又是如此。回家途中,我在大街上发现你正跪在地上玩小石头儿,长裤破了好几个洞。我强行把你拽回家,当着你小伙伴的面羞辱你,一路追着把你撵回家。"裤子很贵的。如果你还想买新的,就要更加地爱惜!"儿子呀,想想看,这就是一个当父亲的说的话!

你还记得吗,这之后不久,当我在书房看书的时候，你怯怯地走了进来，满眼委屈地向我张望。我移开报纸，极不耐烦地抬起头，劈头盖脸就来那么一句："你要干吗？"你站在门口，迟疑不前。

你一言不发，径直向我跑来，搂住我的脖子亲我。我感觉到你那双紧紧相箍的小手所表现出的爱的力量，那是上苍在你幼小的心灵撒下的盛放鲜花，即使不被珍视也不曾枯萎凋零。之后，你快步跑开，"吧嗒""吧嗒"上楼去了。

儿子啊，当你离开不久，报纸从我手中滑落。一种难以言喻的、强烈的愧疚感向我全身袭来。我怎么会让自己渐渐形成了这样一个坏习惯——我总是无端挑剔、动不动就训你。无法想象我竟然把这些恶习用在你——一个小孩子——的身上。孩子，我不是不爱你，而是对你要求太高。我一直在用自己这个年龄的标准来衡量你。

你幼小的心灵，充满真、善、美。你天真无邪地跑过来，亲吻我，拥抱我，和我道晚安，你像晨曦，照亮整座阴郁的大山。孩子，在我看来，这是今晚最为意义重大的一件事。黑暗中，我正跪坐在你的床边，羞愧难当！

这不过是无用的忏悔。我知道，即使当你醒来我告诉你刚才的一切，你也不会懂得这些话的含义。但从明天起，我要做一名合格的父亲！我要成为你最好的朋友，与你一起分担痛苦，与你一起分享欢笑，对你不再说那些没有耐心的话。我会一直提醒自己："他还只是

个孩子，一个小孩子。"

　　我实在是不应该把你看成大人。孩子，这是我这会儿所看到的你：我的儿子，你困倦地蜷伏在婴儿床里，此刻我才真真切切地意识到，你还那么小。仿佛就在昨天，你还依偎在妈妈的臂弯里，头靠在她的肩膀上。我对你要求得太多了，太多了……

　　让我们努力去理解他人，而不是批评别人！让我们尽量去想想他人行事的缘由。这比批评的收益更多，更耐人寻味。理解会催生同情、宽容与善意。"宽容一切，就是理解一切。"

　　正如约翰逊博士所说的那样："上帝，即使上帝，不到末日也不会轻易评判世界。"

　　那么，你又何必去武断地批评别人呢？

　　◎ 原则1：不要批评，不要指责，不要抱怨。

2. 与人打交道的大秘密

您是否想过这样一个问题：怎样能让一个人听从于你，做你想要做的任何事情。只有一种方法，那就是：让他渴望去做这件事。

记住，除此以外，别无他法。

想要别人的手表，你当然可以直接拿枪抵着他，要挟他交出他的手表。你也可以趁员工还没有背弃你之前以"解雇"相威胁，命令他与你好好合作。想让孩子听话，你当然也可以责骂或是恐吓。可是，这些粗暴的方法只会造成令人不满的后果。

能促使对方做你想要做的任何一件事的唯一办法就是：遂他愿，给他想要的东西。

那么，对方想要什么？

西格蒙德·弗洛伊德说，每一件我们乐意做的事情都源于两个动机：对性和成功的欲望。

美国哲学家约翰·杜威对此观点略有不同。他说，人性中最深

层的动力是"对重视的渴求"。记住"对重视的渴求",这一至关重要的结论将在全书中得以体现,请牢记在心。

人类究竟需要什么呢?人类真正的需求并不多,无可否认,您有执着追求的一些事物,而绝大多数人想要的无非是:

(1)健康长久的生命;

(2)食物;

(3)睡眠;

(4)钱,以及钱能买到的物品;

(5)未来的期望;

(6)性满足;

(7)儿女的幸福;

(8)成就感。

上面所有需求几乎都比较容易满足,除了最后一项。这一项,像食物与睡眠一样,也是人类必需品,但难以满足。这就是弗洛伊德所谓的"对成功的欲望",也是杜威所言的"对重视的渴求"。

林肯曾在信中开门见山地写下:人人都喜欢得到赞扬。威廉·詹姆斯也说:人性中最殷切的需求,就是渴望得到他人的肯定。不知道你是否注意到,他并没有用"希望""想要""需求"或是"向往""企盼"等温和的措辞,他的原话是"渴望"。

人们实现这种"渴望"的过程,痛苦而迫切。只有极少人能获得,从而超越了其他人。这种人要是有一天离开人世,殡仪馆的人甚至都会为之扼腕叹息。

成就感，是人与动物之间的重要区别。这一点可以用我本人儿时的经历证明：我小时候，生活在密苏里州的农场。那时，父亲养了好几头良种猪，以及一头纯种白肤奶牛。我们常参加乡村集市或中西部牲畜的展销会，展示我们的猪和牛，并因此获得过好些个一等奖。父亲把这些丝质奖章挂成一串，再用别针别在一条白色布上。每逢朋友来到我家，他就拿出这些奖章，展示给朋友们看。

农场里的猪并不在乎它们得了什么奖。可父亲却很在乎，这些荣誉让他觉得自己了不起。

假如我们的祖先对于成就感没有炽热的渴求，我们就不会有现代的文明。没有渴求，我们人类就如同动物一般行尸走肉。

正是对成就感的渴求，驱使一位学历极低、贫穷潦倒的杂货店小工拿出得之不易的50美分，买下被人弃于杂货筐中的二手法律书。你也许曾经听说过这个杂货店小工，他的名字叫林肯。

也正是对成就感的渴求，激励狄更斯写成不朽名作；也正是这一渴求，令克里斯托弗·雷恩爵士创造出恢宏建筑；也正是这一渴求，驱使洛克菲勒积累了用之不竭的财富；也正是这一渴求，让你富有的邻居建起浮夸的豪宅——哪怕他根本不需要那么大的房子。

这一渴求也刺激着你：穿上最潮流的服饰，驾驶最新颖的汽车，向别人夸耀自家孩子何等聪明。

如果你告诉我做什么事情让你最有成就感，我就立刻能判断你是一个什么样的人。因为处事手段最能体现一个人的性格，这一点于你至关重要。约翰·洛克菲勒实现自我价值的方式是通过捐款，他在中国北京建了一家现代化医院，为成千上万素不相识或许永远不会见面的穷人治病。江洋大盗迪林格正好相反，他通过抢劫银行、滥杀无辜而实现其成就感，引来联邦调查局追捕。最后他不得不躲进明尼苏达州的一家农舍。但是，他竟然为自己臭名远扬而沾沾自喜，自豪地对农舍主人炫耀说："我不会伤害你。我是大名鼎鼎的迪林格，迪林格就是我！"

是的，迪林杰与洛克菲勒最大的区别，在于他们各自获得成就感的手段。

连名人也渴求得到他人的重视——这样的趣闻轶事在历史上并不少见。乔治·华盛顿曾想民众尊称他为"美利坚合众国总统阁下"；哥伦布亦请求当局授予"西印度海军上将"的头衔；女皇凯瑟琳对没有尊称她为"女王陛下"的信件一概不看；而林肯夫人在白宫时曾对着格兰特夫人发出母老虎般的咆哮："没我允许，你竟胆敢出现在我面前！"

1928年，美国一些百万富翁资助伯德上将探险队前往南极考察，因为那里连绵的冰川将以他们的名字命名。维克多·雨果最为热衷的，莫过于巴黎这座城市可以更名为"雨果"。连莎士比亚也曾千方百计、费尽周折地为他的家族争取了一枚盾形徽章，用来光宗耀祖。

为了获得存在感，人们有时会假装弱小，来博取同情和关注。麦金莱夫人就曾要求身为美国总统的丈夫把国家大事置于一旁，花好几个小时躺在床上陪着她，搂着她哄她睡觉。为了得到丈夫的关心，她看牙医时也一定要丈夫陪在身边，一次麦金利总统正好与国务卿约翰·海依有约，总统先生不得不留下她一人看牙医，她为此勃然大怒，大闹一场。

作家玛丽·罗伯茨·莱因哈特曾经跟我讲过这样一件事：一个精力充沛、聪明伶俐的姑娘为了获得关心，突然之间变得病恹恹的。或许，她没法面对一些现实，譬如说年龄。她感觉孤独越来越逼近，人生了无生趣。于是她一装病就是十年，一直躺在床上，十年来，她那年迈的母亲不停地在一楼和三楼之间打转，伺候她，为她端茶送饭，在三层楼梯上爬上爬下。直到一天，老人劳累过度，倒下撒手人寰。这个装病的女人伤心了好几周，终于又重新下床，穿好衣服，继续过正常人的生活。

莱恩哈特夫人说："这位女子，不论怎样闹腾，最终仍要不可避免地面对容颜衰老、无从依靠的现实。"

专家指出，当民众在残酷现实中得不到存在感的时候，一些人就会转而在疯癫的梦境中追寻，从而罹患精神疾病。在美国，罹患精神疾病的人是其他所有疾病的总和。

精神错乱的原因是什么？

到底是什么导致了人们精神错乱，尚无定论，但我们知道某些疾病，如梅毒，能损害大脑神经细胞，使人精神失常。由生理疾病引起的精神疾病约占一半，如脑损伤、酒精，以及毒瘤等身体损伤。令人震惊的是，还有一半精神病患者根本就没有明显的脑组织损伤。专家对这些离世后的患者进行尸检解剖，发现他们的脑神经和普通人一样，即使在高倍显微镜下，也未找出任何异常。

为什么这些人疯了？

我向一家久负盛名的精神病医院的一名脑科主治医生请教。这位年高德劭的医生坦言，他也搞不清楚这些病人的病因。不过，他强调：这些精神病人，能通过发疯这种方式，获得在现实中难以实现的被重视感。他向我叙说了这样一个故事：

我有一位病人，她的婚姻极其不幸，她渴望爱情的滋润，渴望孩子和名望。但她的丈夫毁灭了她所有的期冀。她的丈夫根本不爱她，甚至拒绝与她共同进餐，命令她把饭菜端到楼上房间让他一个人就餐。她没有孩子，也没有社会地位，终于有一天她精神崩溃，产生错觉，认为自己已经离婚，恢复了娘家的姓氏。这会儿，她觉得自己已经与一位英国贵族结婚了，并坚持让别人叫她"史密斯爵士夫人"。

至于孩子，每天晚上她都臆想自己有了小孩。每次我去探视她，她就说："医生，我昨晚生了一个孩子。"

残酷的现实摧毁了她所有的希冀，她的梦想在现实的尖石上撞得粉身碎骨。但是，在那阳光明媚、神奇的错乱世界里，她的梦幻之舟又扬起了欢快的风帆，驶入了港湾。

我不知道这是幸运还是不幸。她的主治医生如是说："就算我可以伸出援手帮助她恢复常态，我也不会那样做。她现在的状态不是更快乐吗？"

人们如此渴望他人的认同，甚至不惜以发疯为代价。假如在一个人疯癫之前，我们趁早把欣赏、赞许都给了他，能创造多大的奇迹？

在不用缴纳所得税，一周挣50美金都堪称富人的时代，查尔斯·施瓦布已经成为美国少有的年薪百万美元的富豪。1921年，年仅三十八岁的安德鲁·卡耐基提拔他为新成立的美国钢铁公司总经理。（后来施瓦布离开美国钢铁公司，接管处于步履维艰的伯利恒钢铁公司，并一手将其打造成全美利润最高的公司之一。）

是什么令安德鲁·卡耐基愿意以年薪一百万美元聘请查尔斯·施瓦布？那可是相当于日薪三千美元以上呀！为什么？因为施瓦布是天才吗？不见得。因为他比其他人更懂钢铁制造业？也未必。查尔斯·施瓦布告诉过我，他手下的很多人都比他懂行得多。

施瓦布说他之所以有这样的薪水，是因为他有能力处理好人际关系。我问他是如何做到的，他说："赞赏和鼓励是拓展个人最大潜能的唯一途径，我从不批评别人，批评和指责，只能扼杀员工的雄心壮志。我认为给人们正面激励对工作至关重要，所以我喜欢鼓励他人，不愿意吹毛求疵。如果我看到任何闪光点，我会由衷地赞许，不吝啬赞美之词。"

应该把这些话装裱起来，悬挂在每家每户、每所学校、每个

商店及每间办公室的墙上,每个小孩都应该背诵,而不是费时间背诵那些拉丁语的动词变化,抑或巴西的年降雨量。如果你我践行这些话,我们的一生将由此改变。

这就是施瓦布成功的秘密。听起来简单,但是普通人在日常生活中是怎么做的呢?与施瓦布所做恰恰相反。稍不如意,他们便会对下属大发雷霆;而遂意的时候,则一言不发,将下属的努力视若无睹。正如那句老话所言:"好事不出门,坏事传千里。"

施瓦布还说:"我交友广泛,认识的名人雅士遍及世界各地。我发现无论对方多么高贵,他都和常人一样,在被赞许时工作会更加尽力,且工作效率也更高而被批评时则截然相反。"

施瓦布提到的这一点,也正是安德鲁·卡耐基的成功之道。无论在公开场合还是在私下交流,卡耐基从不吝于赞美同事和下属。甚至他想将对别人的夸赞刻在自己的墓碑上:"斯人长眠此地,无数比他优秀的人曾与之为伴。"

真诚赞赏,是约翰·洛克菲勒与人相处的首要秘诀。有一次,一个合作伙伴爱德华·T.贝德福德由于在南方的交易失手,致使公司损失逾百万美元。洛克菲勒本完全有理由指责他,但他明白贝德福德已经尽力,再说事情都过去了,所以他从积极的一面表扬了贝德福德。他发电报祝贺贝德福挽回了60%的投资,并宽慰说:"这已经相当不错了,我们不可能每笔生意都稳赚不赔。"

在我搜集的剪报里有这样一则故事,我并不确定上面的故事是否属实,但其中透露的哲理值得与大家分享。

有一位农场妇女，结束一天繁重的工作后，回到家里为男人们准备了一堆干草作为晚饭。男人们愤怒了，质问农妇是否有毛病。农妇答道："怎么了，这会儿你们倒知道抱怨了，二十年了，我一直为你们这些男人煮饭，做好做坏你们从没有表态过。我还以为吃饭吃草对你们来说都一样呢！"

几年前，有人做过一项调查，发现妻子们离家出走的最主要的原因是：缺乏赞许。我敢打赌男人离家出走的原因也会是如此。我们总是对伴侣所做的一切视为理所当然，却忘记了他们也需要被称赞、被感激。

我班上的一位学员把他和妻子之间的小故事讲给我们听。他的妻子和一群女性教友一同参加了一个自我提升的培训课程。作为课后作业，她请丈夫列出她的六点不足，帮助她成为更优秀的妻子。这位学员告诉班里的同学：

这个要求让我感到很吃惊。老实说，要找出她的六个不足简直是分分钟的事儿，要知道，她挑我的毛病能列出上千件，但是我没有马上回应，只说："让我考虑一下，早上给你答案。"

第二天早上，我起得很早，悄悄给花店打了个电话，让他们给我的妻子准备六朵红玫瑰，并附带上一张卡片，上面写着："我想不出你有哪六点不足。我爱现

在的你。"

猜猜,当天下班回家,谁在家门口迎候我?没错,我的妻子!她几乎要流泪了。不用说,我很庆幸我没有批评她,没有按照她的要求指出她的不足。

紧接着的那个周日教堂礼拜,妻子对教友们讲了这件事,那些太太们纷纷向我走来,说道:"这真是天底下最贴心的举动。"从此,我明白了赞赏的力量。

弗洛伦茨·齐格菲尔德是美国最有名的制作人。他能像变魔术一样,将一个相貌平平的"灰姑娘"打造成千娇百媚、风情万种的舞台明星,在百老汇一夜成名。他深谙赞美和自信的力量,他总会用他殷切的关怀让女人充满自信,让她们相信自己是最美丽的。他很务实,为合唱团女子的周薪从30美元加到175美元。他也很懂人文关怀。首映之夜,他必定致电大牌演员,还为每一位合唱团的女子送上象征"美国丽人"的玫瑰花。

我曾一度跟风减肥,六天六夜没有进食。当然,这个其实并不难,较之节食的第二天,我第六天时的感觉好多了。众所周知,如果连续六天不让家人或雇员进食就等同于犯罪。我们却经常会长达六天、六周甚至六十年都不给别人报以诚挚的赞美,而这些赞美恰恰如食物一样对别人不可或缺。

在电影《重逢维也纳》(*Reunion in Vienna*)中,饰演男主角的影星亚弗雷德·伦特曾经说过这样一句话:"我需要的一切事物中,没有什么比满足自尊更重要的了。"

我们注重孩子、家人和员工的营养，关心他们的健康，呵护他们的身体，却忘记自尊同样需要营养和关心；我们给他们提供烤牛肉、土豆为他们提供养分，增进体能，却拒绝提供精神食粮，从未意识到赞美将如同晨星一般，在他们的记忆中熠熠生辉，亘古不灭。

保罗·哈维在其电台节目"故事的背后"中告诉人们：真挚的赞美能够改变人的一生。他向听众讲述了这样一个故事：几年前，身居底特律的一位教师，请求他的学生史蒂夫·莫里斯帮忙寻找在教室里跑丢的一只小老鼠。她坚信史蒂夫拥有常人无法获得的天赋，因为史蒂夫·莫里双目失明，但上帝赋予了他一对听力非凡的耳朵。对于史蒂夫来说，这是人生中第一次有人肯定他的价值。多年以后的今天，史蒂夫将那次得到的赞许看作新生活的开端。从此，他致力于开发那天赋的听力，并且，以史蒂夫·旺达为艺名，在舞台上大放异彩，成为七十年代当红的歌手和作曲家。

一些读者看到这里可能会在心里暗想："不就是阿谀奉承嘛！我试过这玩意儿，不管用，很多人不吃这一套。"

的确，对有洞察力的人，阿谀奉承的确不奏效。因为明辨是非的人一眼就能看穿其肤浅与虚伪，注定会撞南墙。不能否认，那些急切渴望得到赞美的人，往往会令其不辨真假照单全收，正如久饿之人会饥不择食一样。

就连英国女王维多利亚，对阿谀奉承也毫无抵抗力。英国首相本杰明·迪斯雷利透露说，他在与维多利亚女王打交道时，总是极尽夸大之能事，用他的原话说："像抹水泥一般堆砌华丽辞藻。"迪斯雷利是英国历史上少有的圆滑、老练、机敏之人，曾担任日不落帝国的"大管家"，将大英帝国治理得井井有条，绝对是政治上的天才。然而他对待维多利亚女王的方法却未必对你我有效。长远来看，谄媚对人际关系的危害远大于一时的成效。虚情假意的奉承话如同假币，一经使用，定会惹祸上身。

赞美和奉承有啥区别？这很简单。前者出于真诚，因发自内心、利他的情愫而广受推崇；而后者则来自虚情假意，是利己使然，而受到抨击。

近期，我参观了位于墨西哥城的查普尔特佩克宫，瞻仰墨西哥英雄阿尔瓦罗·奥夫雷贡将军的半身塑像。在雕塑下方镌刻着他的一句名言："不要惧怕那些攻击你的敌人，但要提防那些奉承你的朋友。"

阿谀奉承，绝对不是我要提倡的。我所倡导的，是一种新的为人处世的方式。请让我重复一遍：一种新的为人处世的方式。

在白金汉宫书房的墙上，装裱着国王乔治五世的6条座右铭，其中的一条是这样的：请教导我既不恭维他人，也不接纳廉价的赞扬。是的，廉价的赞美，指的就是阿谀奉承。我曾经看到过一条关于恭维的定义，我认为值得在此引述：奉承他人，就是告诉别人你是如何看待自己的。

拉尔夫·瓦尔多·爱默生曾经说过："无论你何等巧言令色，也不能掩饰内心的肮脏。"

如果人际关系只有阿谀奉承、迎合他人这么简单，那么，人人都可以成为人际关系方面的专家。

如果我们没有专注于思考某些方面的问题时，我们95%的时间都是在考虑自己。请暂时放下自己，想想别人的优点，那么我们就不必刻意、做作地说出廉价、言不由衷的奉承话。赞赏他人是生活中常常被忽视的美德。当我们的子女捧回优异的成绩报告单时，我们视而不见；当他们第一次成功地烤了一枚蛋糕，或做了只雅致的鸟笼时，我们却疏于鼓励。事实上，没有什么比家长的关注和鼓励更令孩子开心的了。

所以，当您在餐馆享用美味的牛排时，请别忘记赞美厨师精湛的厨艺。同样地，当疲惫的推销员依然耐心地向你派发赠品时，请及时表达你的谢意。

当官员、教师或演说者全情投入、慷慨陈词而得不到受众丝毫反应或赞许时，将是多么沮丧。若同样的情形发生于办公室、商店、工厂，甚至家人、朋友之间，他们的失落更甚，甚至变本加厉。千万不要忘记：我们大家都是普通人，都渴望得到赞赏。赞赏他人的美德，人人不可或缺。

在日常生活中，我们要随时学会赞美。日积月累，这种小小的赞美，会催生友谊之花，等您下次再来时，你会惊讶地发现：这些友谊的星星之火已经是你下一个征程中的灯塔和航标。

帕米拉·邓纳姆来自康涅狄格州的一家商场工作，她的职责之一是监督门卫。

有名门卫工作能力极差，经常浪费时间。工友们都嘲笑他，故意在走廊随便乱扔垃圾发泄不满。

帕米拉尝试过各种方法激发这位看门人的工作热情，但都不奏效。偶然有一次，帕米拉发现他表现不错，于是她立即抓住时机，在工友面前表扬了他一番。从此，他的工作做得更好了，且工作效率也随之极大提高了。现在，他的表现真不赖，得到了更多人的认可和赞赏。用真诚的赞赏所取得的成效，是批评和讥笑无法达到的。

我们不可能通过伤害他人而促使他人有所改善。因此，我们不提倡责骂。下面这句谚语是我在报纸上看到的，我把它剪下来贴在了镜子上，用以警醒自己：

我的生命只有一次，所以，我必须在当下立即对他人表达善良和美好。我不可以怠慢，也不可以拖沓，因为，我的生命只有一次。

爱默生曾说："我遇见的每个人都必定在某一方面胜于我。正因如此，我向每个人学习。"

爱默生尚且如此谦虚，我们有何理由骄傲？做人，不要急于炫耀，或急于索取。要先看到别人的优点，不要虚假地奉承，而是给予他人诚挚的赞赏。"由衷地赞许，不吝啬赞美之词。"

只有这样，人们才会珍视您的每句话；即使您已忘却，但是别人仍对您念念不忘。

◎ 原则2：给予人们真诚的赞赏。

3. 换位思考，替他人着想

夏天，我经常去缅因州钓鱼消遣。我喜欢吃草莓和奶油，但奇怪的是，我发现鱼类居然对这些人间美味不感兴趣，只喜欢吃蚯蚓。所以每次去钓鱼的时候，我不会考虑自己想要什么，而是考虑鱼想要什么。我不会在鱼钩上放草莓和奶油当诱饵，而是把挂着蚯蚓或蚱蜢的鱼钩甩进水里，对着鱼儿说："想尝尝吗？"

你可能觉得我刚刚说的是三岁小孩都懂的事。钓鱼的常识确实谁都懂，那么，我们要拴住对方的心灵，为什么不采用类似的方法呢？

"一战"时期英国的首相劳埃德·乔治就是这方面的佼佼者。有人向他求教屹立政坛不倒的秘密，因为像威尔逊、奥兰多、克莱蒙梭等这些战时的领袖早已湮没在人们的记忆里，为何他还能在政坛呼风唤雨。劳埃德回答说，如果他的成功真的有秘诀的话，那要归功于他早就懂得"因鱼下饵"这个道理。

人们总是大谈特谈自己的需求，既幼稚又荒谬。显然，关心自己的需求和兴趣是人之常情。然而，正常人永远都只在乎自己的想法，别人对你的需求或兴趣是不会关心的，因为他们和你一样，只在意自己想要什么。

因此，影响其他人的唯一方法就是谈论他们想要的东西，并教给他们获得的办法。

当你试图要求他人做事时，不妨试试这个方法。假如你想劝阻别人不要吸烟，请别说教，也不要谈及你的要求，你只需要简单地告诉他们，抽烟会令他们进不了篮球队，也当不了百米赛跑的冠军。

这个道理不单单适用于孩子，简直适用于任何生物。有这样一个极具说服力的例子：有一天，拉尔夫·瓦尔多·爱默生和他的儿子想把一只小牛犊推进牛棚，但是他们犯了一个常识性的错误——只顾着自己想要什么。爱默生在后边推，儿子在前面拉，而这只小牛犊却岿然不动。它也只想着自己想要的，留在外面吃草。爱默生家的爱尔兰女仆见他们一筹莫展，跑过来帮忙。她像对待婴孩一样，伸出手指头放进小牛的嘴里，让牛吸吮，温柔地将小牛牵进了牛棚。这位爱尔兰女佣不懂舞文弄墨，但她却比爱默生更了解牛的习性，她想到了牛之所想。

自出生的那刻起，你做的每件事，都是出于本能的需求。你大概会反驳说，向红十字会捐款可不是为了我自己。然而，捐款不仅因为你想伸出援助之手，更因为你的内心深处渴求着这个美好无私的举动所带来的满足感。

你对这一满足感的渴求大过对金钱的渴求,因此才会做出捐款行为。当然,你或许因为羞于拒绝,或应客户要求而去捐赠。但可以肯定,你一定是出于某种需求而去捐赠,这一点不会变。

哈里·奥弗斯特里特在他的著作《影响人类行为》(*Influencing Human Behavior*)中写道:"行为根植于人类的根本欲望……不论在职场、家庭、学校或政坛,想要说服别人,首先要激发别人的认可和需求的欲望,也可以说是'投其所好'。"

安德鲁·卡内基曾是个每小时只挣两美分的苏格兰穷小子,而他最终捐赠的财产超过3.65亿美元。虽然只上过4年学,但他很小就学到与人相处之道,他明白,想要影响人们就要了解他们的需求。我们不妨看看下面的事例:

安德鲁·卡内基有两个侄子在耶鲁大学念书,他的嫂嫂非常想念两个儿子,于是经常写信给两个儿子,可他们总借口念书太忙,甚少写信回家,对母亲近乎疯狂的思念也置之不理。他们的母亲为此忧虑成疾。于是,卡内基以一百美元为赌注,声称他用不着恳求,就能让两个孩子乖乖回信。有人乐意跟他打赌,于是他给侄子们写了一封信,通篇都是闲扯的废话,只是每封信里都附有一句话:"信封里放有5美金。"

事实上,卡内基并没有把钞票塞入信封。

两个侄子果然回信了:"亲爱的安德鲁叔叔:您说信里有5

美金，可是……"我不说，你也一定会猜到下面的内容。

班上有一位学员叫斯坦·诺瓦克，来自俄亥俄州的克利夫兰市，他讲了一个故事：

有一天晚上，斯坦刚下班回到家，一眼就看见小儿子提姆在客厅地板上又哭又闹，因为第二天他就要去幼儿园上学了。他死活抗拒着，就是不想去。要是平日，斯坦一定会把把这小子赶进房间，严厉地告诉他，明天一定得无条件地去上学。但是今晚，斯坦意识到这样或许不会奏效。于是他坐下来思考："用什么办法能让提姆对幼儿园感兴趣呢？"

我们所有的人，包括我的妻子莉尔和另一个儿子利尔·鲍伯，开始在厨房餐桌上涂鸦。我们玩得很开心，不一会儿，提姆就偷偷站到墙角，看着我们玩，接着，他又央求要参与其中。"噢！不！你得先上幼儿园，要不然你学不会用手指画画。"用他听得懂的话，我绘声绘色地说幼儿园还有其他更有趣的事情，并告诉他只有在幼儿园可以享受。

第二天，我以为我是第一个起床的。可待我下楼后却发现，提姆在客厅的椅子上睡得正香呢。我问："你怎么睡这儿？"他说："我正等着去上幼儿园呀。我可不想迟到哟。"

看看！我们燃起了提姆内心上学的强烈欲望，按平时硬来的话，这是根本不可能的。

或许，明天你就要劝说他人做某事。请先不要冒失地开口，喋喋不休地讲自己想要什么。请停顿片刻，自问一句：怎样才能让对方主动自发地去做这件事？

有一次，为了举办一个季度的系列讲座，我租下纽约一家酒店的大礼堂，一租就是20个晚上。

有一期开讲前，我突然被告知我应该支付几乎三倍于以前的租金。而此时，所有的课程安排都已经发出，入场券也已经印好、发售。

当然，我不想支付增加的费用，但是与酒店谈论我想要什么有什么用？他们只对他们想要的东西感兴趣。所以几天后我赶去见酒店经理。

我说："收到你们的通知，我很诧异，但我绝不会责怪你。换作我，也有可能要发出同样的通知。作为酒店经理，你的职责就是尽最大的可能创造利润。如果你不这样做，您可能会被辞退。来，现在让我们一起算算账，权衡一下利弊。"

我取出一张便笺，对半画出一条线，在分出的两栏里分别写下"好处"和"弊端"。

在"好处"一栏，我写下"腾出礼堂"。接着，我解释道："若你不把礼堂租给我开讲座，而是留作举办舞会或举行会议，收益会不错，因为其他活动都比我给您的租金多很多。一学期下来，我会占用您20个晚上，很多利润就没了。

"好了，再让我们看看弊端吧。首先，如果您坚持涨价，从我这儿拿到的租金不仅不会增加，反而一分钱都挣不到。这样意味着你会失去我这笔生意。我付不起你要的价，我只能另找场地办讲座。

"另外，还有一个弊端，来酒店听我演讲的都是那些高端商务人士，这不是很好的宣传吗？想想看，即使您花五千美元在报纸上打广告，你登广告所吸引的顾客也远没有我开讲座所带来得多。我的听众可是酒店的财富，对吧？"

我一边把这两点弊端写到右边那一栏，然后把便笺给经理，说："我希望您能权衡一下得失，再给我个答复。"

第二天我收到了他的来信，告诉我的租金只会增加一半而不是三倍。

需要注意的是，我自始至终只字未提我想要什么，就赢得了对方的让步。我一直在谈论对方想要什么以及如何得到它。

假如，当时我不控制住自己的情绪；假如，当时我怒发冲冠，直接冲进经理办公室咆哮："你明知我的听课券和演讲公告已经发出去了，现在又要求上涨三倍的租金，你什么意思？三倍！荒唐！不可理喻！让我加钱，没门！"

那么，结果会怎样呢？可能争吵会由小变大，从温和到剧烈；你也知道，吵架是吵不出结果的——即使我能够说服他是他错了，为了维护自尊，他也绝不会退让半分。

关于人际关系的艺术处理，汽车大王亨利·福特如是说：成功的秘诀在于洞悉他人的想法，换位思考，替对方着想。

这句话太棒了！我要重复一遍：成功的秘诀在于洞悉他人的想法，换位思考，替对方着想。

这道理再浅显不过了，任何人都明白，但是90%的人却将它置于脑后。

明早，请看一眼你桌子上的信。你会发现绝大多数书信，都犯了常识性的错误。这是一封广告公司无线电话主任写给旗下客户经理的信（在每个段落之后，我均在括号里写下了自己的阅读感受）。

约翰·布兰克先生

布兰维尔

印第安纳州

亲爱的布兰克先生：

本公司非常希望今后继续保持在无线广告业的领军地位。

（谁会关心你的公司？我自己的事儿已经够我烦的了。银行要取消我的房屋按揭，花园快被虫子吃光了；昨天股市一落千丈；今早又错过了八点十五分的那班车；昨晚琼斯的舞会居然没有邀请我；医生说我有高血压、神经炎、头皮屑过多。该怎么办啊？还有呢！今早我一路跌跌撞撞赶到公司。拆开信件，一个纽约来的傲慢家伙废话连篇地讲一大堆乱七八糟公司发展规划之类的事情。我呸！信写成这样，还有脸留在广告界？趁早改行去清理绵羊粪便吧。）

遍布全国的广告客户是本公司最重要的屏障，对广播黄金时段的掌控令我们连年在业内保持领先。

（噢，你们公司有名有钱又厉害？那又怎样啊？即便像通用汽车、通用电气和美国陆军加起来那么大规模，也跟我没有半毛钱关系。连傻子都知道，我关心的只是我，而不是你的规模！连篇累牍地强调说你们有多成功，是为了让我觉得自己很渺小吗？）

我们希望我们的广告文案在广播资讯中出类拔萃。

（你希望，你希望，你个自命不凡的家伙。我才不在乎你希望什么，甚至美国总统的希望也不感兴趣。再跟你说最后一次：我只在乎我自己的事。可惜啊，在你这封可笑的信里，我没看见任何和我有关系的字眼。）

在推广资讯时，你一定要优先考虑我们公司。我们深知，细节对广告的成败至关重要。

（"优先考虑"？你们真了不起！一个劲儿地说公司如何如何重要，却把我看得那么渺小，，现在又要我"优先考虑"你们，甚至连个"请"字都不舍得说。）

请及时回信告知我们你最近的"业务"情况，这对双方都有莫大帮助。

（混蛋！在我满脑子都是房贷、虫子、高血压的时候，寄给我这么一封格式化的群发信，通篇瞎扯，竟然还要我坐下来给你回信，而且要"及时"。"及时"什么啊？我可比你忙多了——就算我有时间，我也乐意装作我很忙！谁给你那么大权力，指使我做这做那？最后你终于说了句"都有莫大帮助"。到底对我有多大帮助？信中只不过含含糊糊地敷衍而过。）

诚挚的
约翰·杜伊
无线部经理

附：随信附上从《布兰克维尔日报》一份。希望你感兴趣，并在贵台播出。

（在附言里终于看到可能对我有点用的东西了。但有什么用？为什么一开始不说？你犯了广告商的大忌，脑子一定是进水了。你其实不需要写信告诉我们该如何做事，你所需要的是一斤碘酒，注射到你的甲状腺里，然后上西天。）

为了让客户能买产品，一些号称深谙消费者行为的"专家"的信都写成这种水平，那么对于其他行业的屠夫、面点师或机械修理工，要怎么宣传他们的生意？

下面这封信来自一家大型货运站的主管，是写给参与我们课程培训的一位学员的，学员名为爱德华·沃迈伦，不妨一起来读读看。

纽约，布鲁克林，前大街28号，邮编：11201
A. 泽利嘉子弟公司
爱德华·沃迈伦先生收

尊敬的沃迈伦先生：

据悉，本公司铁路运输收货站运营遇到一点问题。大量货物都是在下午被送到我们的站点，至此，造成交通拥堵、工人加班加点、卡车晚点，导致货物不能按时装车。

11月10日，本公司收到贵处货物共510件，到达时间为当日下午4点20分。

今后，为避免货物延迟而造成的诸多不便，我们请求贵司能就以下方面配合：如贵司发送大宗货物，能否早些将货物送来，或是分批处理，把部分货物推迟到第二天早上？

这样对贵司也有诸多裨益：卡车装卸时间提前，并可及时返程，从而保证贵司货物能当日发出。

致敬

J-B

货运主管

读完这封信后，销售部经理沃迈伦先生给我写下了如此评论：

这封信的收效正好与写信人的初衷相背。信中一开始罗列了收货站的种种困难。平心而论，我们这边对此并不感兴趣。随后又提及让我们配合工作，却丝毫不考虑我们的不便；他只是在信的最后一段提醒我们：如双方合作，卡车将会及时返程，货物也保证当日发出。

也就是说，与我们息息相关的事情，对方在最后才提及。与其说是在合作，还不如说是挑起敌对情绪。

应该避免把精力浪费在谈论自己上，像亨利·福特所说:"洞悉他人的想法,换位思考,替对方着想。"来让我重写一遍,看看能否改善这封信的效果。

以下是修改之后的信。虽不一定是最佳表达,但已大有改进。

> 纽约,布鲁克林,前大街28号,邮编:11201
> A. 泽利嘉子弟公司
> 爱德华·沃迈伦先生收

尊敬的沃迈伦先生:

14年来,贵司一直是我们极其重要的合作伙伴。非常感谢您长期的支持与合作。同时也期盼为你提供快速、高效的服务。

然而遗憾的是,由于贵公司11月10日的货物在当天下午临近傍晚才抵达,我们无法兑现对你的承诺。为什么呢?因为大部分客户都选在傍晚送件,从而导致货物堆积。在这种情况下,您的货车会滞留在码头,甚至可能会延误发货。

我们对此深感抱歉,但其实这个问题是可以避免的。如果您方便将货物在上午送达码头,拥堵则不会出现,货物会得到及时的处理。这样的话,我们的工人就可以早些收工回家,与家人一同享用贵公司所运送的通心粉和面条晚餐。

当然，不管您的货物何时送达，我们都会一如既往全心全意地为您服务，竭尽全力迅速配送。

深知你事务缠身，请您不必费心回邮。

J-B

货运主管

芭芭拉·安德森在纽约的银行工作，为了儿子的健康，她想调往亚利桑那州的凤凰城工作。她运用在培训课程中所学到的处事原则，向凤凰城的十二家银行寄出了下面这封求职信：

尊敬的先生：

我在银行业有10年工作经验。以我的工作经验应该可以为你这家蒸蒸日上的银行贡献绵薄之力。

目前，我在纽约一家银行信托公司工作，现任职部门经理，主持各类银行业务，包括储户往来、信用信托、放贷及日常管理等。

5月份我将搬至凤凰城长期定居，重新开始自己的职业生涯，相信我的加入，一定有利于贵行的发展和盈利。4月3日我将抵达凤凰城，如有机会面谈，我将不胜感激，并将进一步详述如何帮助贵行达成既定目标。

芭芭拉·安德森

安德森女士的这封信反响如何呢？12家银行，有11家邀请她去面试，并最终为她提供了工作机会。为什么呢？她在信中只字未提家庭状况，而是强调了她将如何令银行受益，专注于银行的需求，而不是她个人的需求。

为了生计，成百上千的推销员每天踏破铁鞋，疲惫不堪，却一无所获。为什么？原因就在于，他们只是一味地考虑他们自己的需求，并没意识到，其实人们并不想买他们的产品。如果真的有所需，我们会外出采购。主顾双方往往都是感兴趣于解决各自的问题。如果推销员能够证明其服务或产品可以帮助人们解决问题，他们不必推销，我们都会主动购买。对消费者而言，"主动买"比"被推销"的感觉好得多。

然而，很多销售人员终其一生都没有从客户的角度看问题。举个例子，我曾在大纽约中心的林岗小区住过很长一段时间。一天我去车站，正好遇见一位房产经纪人，他在这个小区打拼多年，对林岗地区的房子应该比较熟悉。于是我向他询问，我那栋灰泥土坯外墙的别墅是钢筋结构还是空心砖结构？他却说不清楚，只是让我给林岗园区物业打电话咨询此事。嘿嘿，那是我自己早已知悉的信息。次日早晨，我收到他的一封来信。信中可有我所需的信息？尽管只要花一分钟打个电话就能解决的事情，可他就是没有这样做。他在信中又一次告知我可以通过电话咨询，然后，就是向我推销房屋保险。

这个销售并不想帮我的忙，他只对自己的业务感兴趣。

学员J.爱华德·卢卡斯来自亚拉巴马州的伯明翰。他向我说起同一家公司两个推销员处理同一件事情的不同办事风格：

几年前，我在一家小公司担任管理职位。公司附近是一家大型保险公司的总部。他们的保险员在不同区域跑销售，而负责我们公司保险业务的有两个人，一个叫卡尔，一个叫约翰。

有一天早上，卡尔来拜访我们公司，闲聊的时候提到他们公司能够为管理高层设立一项新的人寿保险。如果我们会感兴趣，等他搜集到更多相关消息，他就会再过来相告。

同一天，我们喝完咖啡正在往回走的半路上，约翰瞧见了我们，他远远地大喊："嘿，卢卡斯！请等一等，我有超棒的消息告诉你们！"他快步跑过来，极其兴奋地向我们介绍当天新推出的高管人寿保险（正是卡尔提及的那种）。他想我们成为第一批投保人。介绍了一些重要信息和费用之后，他说："这个险种刚刚推出，我明天请总部的人过来和你们细说。能不能先麻烦你们填一下申请表，这样总部的人就能按照每个人的情况介绍最合适的产品了。"他的热情让我们产生了购买的欲望，尽管当时我们尚未知悉当中的细节，后来，详细资料下来，总部的人确认了约翰介绍的细节无误，于是我们当中的每一个人不仅向约翰购买了这份保险，且每人都买了两份。

卡尔本来抢占先机，能够谈成这笔单子，可惜他并没有激起我们的购买欲。

世界上从不缺少贪婪成性、自私自利的人。但能够站在他人角度考虑问题，真诚地帮助他人的人却少之又少。因此后者必然大受欢迎，而且很少有竞争者。美国知名律师、商界领袖欧文·扬曾说过："时刻站在他人角度，理解他人所需所想的人，永远不用为未来担忧。"

了解对方的需求，从而激发对方的兴趣，并不意味着控制他人、损害他人而让自己获益，它旨在在协商的情形下让双方受益。

在上述韦沃迈伦的商函中，写信人与收信人都通过相互的沟通和建议而有所收获。而安德森女士写给银行的自荐信更是如此——银行聘请到了一位经验丰富的员工，而她得到自己想要的工作，至于约翰向卢卡斯先生及其同事的保险兜售，那更是一举两得的买卖。

迈克尔·惠登的例子同样能够说明激发客户需求的重要性。惠登先生是罗德岛华威区的老牌石油公司的推销员，他立志要成为其销售区域的推销冠军，但有个加油站就是不肯和他合作。这家加油站开了很多年，变得破旧不堪，该站的运营经理已经上了年纪，无论迈克尔怎么恳求都不愿彻底更新设备，以至于加油量大幅度锐减。最后，迈克尔决定领上这位迂腐的老经理参观壳牌最先进的加油站。

这个方法终于奏效了。经理被现代化加油站的先进设施所折服，一回去就将他的服务站整修一新，汽油的销售量也因此屡创新高，而这也让迈克尔成该地区的销售冠军。起初，即使磨破嘴皮，迈克尔都没法说服老人，而实地参观另一家新加油站的经历

激发了那位老经理的欲望,不仅达到了自己的目标,也令对方受益。

大部分人都上过大学,都看得懂古罗马诗人维吉尔的诗篇,亦都掌握了算术的奥秘,却很少关心人类的内心世界。我曾经给一群大学毕业生讲了一堂《如何提高演讲效率》的课。这些大学生即将成为大型空调器制造商开利集团的雇员。当时,有一个学生想说服其他人和他一起在业余时间打篮球。他说:"我想要你们一起打篮球。每次我去体育馆要打球的时候,都发现人数凑不够,玩不起来。有天晚上,我和三个人去打球,结果把我的眼睛给撞青了。我希望明天晚上你们全都到场,我的确想打篮球了。"

这位同学提到别人的想法了吗?完全没有。你不想去那个冷清的体育馆,更不想把自己撞得鼻青眼肿。至于他有多想打球,那跟你有什么关系呢?

他想让别人光顾体育馆,满足自己的需求,当然可以。他完全可以给大家讲打篮球能增添活力、刺激食欲、清新头脑、有趣等好处。

在此,让我重复一次奥瓦斯基教授的金玉良言:"……想要说服别人,首先要激发别人的认可和需求欲望,也可以说是'投其所好。'"

培训课上有位学员很担心她的儿子会营养不良,这个小男孩体重偏低、厌食。做父母的整天喋喋不休地在他耳边念叨"妈妈希望你把这些吃掉""爸爸想让你快快长成男子汉"。

这些话对孩子能管用吗？他的儿子当然置若罔闻，左耳进右耳出。

任何具备基本常识的人，都不会指望3岁的小孩对时年30岁的父亲言听计从。然而，这位学员却指望孩子和他的想法一致。这很荒谬。幸亏，他终于意识到了这一点，他自问：儿子想要的是什么？我该如何能够既给他想要的，又满足我的期望？"

这样考虑问题的话，一切都可迎刃而解。

这位父亲很快想到，孩子很喜欢在室外骑他的小三轮车，但是邻街住着一个比他大的"坏小孩"总是欺负他，经常粗暴地把他从车上拽下来，抢他的车骑。每次被欺负，小男孩都哭喊着跑回家找妈妈；妈妈会出门跑去把"坏小孩"拉下来，拿回三轮车，让她的孩子继续玩。这一幕几乎每天都发生。

这小男孩想要的是什么呢？小孩子有着大人一样的敏感内心。他的骄傲、愤怒只为一种感觉——被尊重，这是他隐埋在心底里最最强烈的欲望。这些强烈的感情淤积在他幼小的心灵，驱使他去"复仇"，狠揍那个"坏小孩"一顿。于是小男孩的爸爸告诉他：如果按照妈妈说的话好好吃饭，他早晚能把那个坏孩子打得落花流水。从那之后，父母再也没担心过孩子的饮食问题。菠菜，腌菜、盐焗鲭鱼……只要是能够令他强大并打败时时羞辱他的那个臭小子的东西，他通吃不剩。

解决挑食的问题后，还有一个问题令人头疼。孩子总改不了尿床的坏习惯。

孩子晚上和奶奶睡在一起。早晨醒来，摸着湿漉漉的床，奶奶总是这样说:"约翰,你瞧你昨晚干的好事!"

孩子会狡辩说:"不是我尿的,是你尿的。"

责骂、羞辱、打屁股、三令五申……一切都无济于事,小男孩照样尿床。这对夫妇思忖:怎样才可以促使儿子夜晚睡觉不尿床呢?父母为此束手无策。

孩子想要什么?他说,首先,他想睡觉时像爸爸一样穿着睡衣裤,而不要像奶奶那样穿睡袍睡觉。奶奶已经厌烦了孩子尿床,所以很高兴应允给他买套睡衣裤,条件是他要保证不再尿床。就给他买一身新睡衣。小男孩又提出想要一张自己的小床,祖母也没有反对。

妈妈带小男孩来到布鲁克林的百货公司。她向女售货员眨眨眼睛,大声说:"这位小男士想要买点儿东西。"

"这位年轻的绅士,请问有什么可以帮到您吗?"售货小姐用尊重的口吻对孩子说。

孩子感到自己备受重视,直起腰,像长高2英寸一样,说:"我想给自己选一张床。"

于是,女售货员领着小男孩挑起床来。妈妈看中了其中一款,她向售货小姐使眼色,售货小姐赶紧劝说孩子把这张床买下。

小床第二天就送到家。傍晚父亲到家时,小男孩跑出家门大叫:"爸爸!爸爸!快到楼上看我的新床。"

父亲对乔尼的新床称赞不已。他正如施瓦布劝告的那样,真诚地夸奖儿子。

"你以后肯定不会尿湿这张床,是吧?"父亲问道。

"是啊，是啊！当然不会！"小男孩坚决地说。那是他自己选、自己买的床。他现在穿着和大人一样的新睡衣，也要像个大人一样信守诺言。他做到了。

培训班另一位学员，名叫K.T.多伊奇曼，是一名电话工程师，也遭遇了教育子女的难题：他有个3岁的女儿不愿吃早餐，惯常的责骂、哀求、哄骗均以失败告终。这对父母冥思苦想：怎样才能够使她乐意吃早餐呢？

小女孩喜欢模仿妈妈，喜欢长大了的感觉。于是，有一天早晨，妈妈把女儿抱到椅子上，让她自己做早餐。爸爸也特意在这个时候走进厨房。孩子得到了心理满足，她一边搅拌着麦片，一边对着在厨房里忙活的父亲说道："噢，爸爸，看呀，今早我在煮麦片。"

这天早晨，没有任何哄说，孩子便吃下了两份麦片。缘由是：她对煮麦片这一活计饶有兴致，她找到了自我表现的方式，她得到了内心渴望的重视与关注。

威廉·温特曾经说："表现自我，是人类重要的天性。"这一心理同样适用于人际交往中。如果你想让他人赞同你的想法，与其直接提议，不如引导对方像多伊奇曼的小女儿一样，在他们的脑海中"搅拌"这个想法。这样一来，他们会将你的想法当成自己的，让他感觉主意出自他的内心。这样，他便会喜欢上它，并且，还有可能为它付诸行动。

谨记："想要说服别人，首先要激发别人的认可和需求欲望。"

◎ 原则3：激发他人的需求。

※ 与人交往的基本技巧：

- 原则1：不要批评，谴责或抱怨。
- 原则2：给予人们真诚的赞赏。
- 原则3：激发他人的需求。

第二部分
让人们喜欢你的6个诀窍

人性的弱点

1. 做到这一点，你会随时随地受欢迎

为何要阅读此书探寻赢取朋友信服的诀窍？为什么不向全世界最善于交友的人学习？你一定在好奇他是谁？或许，明天你在街上就可能碰见他；当他离你还有10英尺的时候，已经开始向你伸出橄榄枝。如果你可以停下脚步，拍拍他的肩膀，他会欢快地跳起来，让你知道他是多么喜欢你。你该知道，在他诚挚的热情背后，他没有任何动机——他既不会向你推销房子，也不会要你的电话号码。他只是单纯地想对你示好，让你感受到他浓浓的爱意。

你有没有想过：狗狗是唯一不为生计而发愁的动物？母鸡必须下蛋，奶牛必须产奶，而云雀必须歌唱。但是狗呢，凭着它给予你的爱意便可以谋生。

我5岁那年，父亲花了50美分，给我买了一只小黄狗，它给我的童年时代带来无穷欢乐，我叫它蒂皮。每天下午，一到4点

30分，蒂皮就会静静地端坐在院子前，水汪汪的大眼睛专心致志地望着小径尽头。一听到我饭盒擦过灌木丛的细微声响，它就嗖地一下，呼哧呼哧地跑过来，又蹦又叫地汪汪叫着欢迎我。

蒂皮和我相伴了5年。我永远不会忘记那个令人伤心的夜晚，它在离我10英尺的地方遭雷击身亡。它的离去，是我童年时代无法抹去的阴影。

蒂皮，你从没看过任何心理学的书，你也并不需要，你的天性里就拥有这些知识。假如您能像蒂皮真心付出关爱，我敢肯定您在两个月里结交的朋友比他人费尽心机两年内交到的朋友都要多。

你我都清楚，在人生路上摔过跟头的人，往往总是乞讨别人去了解他自己。

当然，这种想法不管用。人们对你并不感兴趣，对我亦是如此。人们真正关心的只有自己，这一点永远不会变，无论今天还是明天，无论现在还是未来。

纽约电话公司曾经做过一项调查，研究在日常电话沟通中，哪个单词的使用频率最高。你一定猜得到——是"我"字。在500次通话中，有3900次提到的是这个词："我""我""我"！

当你拿到和别人的合影时，你第一眼看的是谁？

如果一味地想给别人留下印象，引起他们的兴趣，那么我们永远都交不到真心朋友。真正的朋友，绝不可能通过这种方式获得。

拿破仑就曾努力争取过约瑟芬的好感。与约瑟芬最后一次会面时，他说："我比世人要幸运得多，约瑟芬。但此时此刻，这世上我可以信赖的人，只有你了。"历史学家们却对此十分怀疑，约瑟芬并不值得拿破仑信任。

维也纳著名心理学家阿尔弗雷德·阿德勒在《生活的意义》一书中提到："对他人漠不关心的人，注定命途多舛，也会给他人造成伤害，正是因为这类人，世界才充满苦难。"即使纵览几十卷深奥的心理学书籍，你都找不出比这句话更重要的句子。这句话是如此意味深长，因而我想为你再重复一遍："对他人漠不关心的人，注定命途多舛，也会给他人造成伤害，正是因为这类人，世界才充满苦难。"

我在纽约大学选修过写作课，一位讲师是知名刊物的编辑。他说他每天收到的投稿在书桌上堆积如山，但是只读几段，就知道作者是否关注到读者。"如果作者对读者漠不关心，自然没有读者喜欢他的作品。"

这位阅历丰富的编辑在写作课上停下了两次，为他的说教而道歉。"我不想讲什么大道理，"他说，"但我还是希望你们记住，如果你想成为优秀的作家，切记，一定要关心读者，这样读者才会对你的作品产生兴趣。"

写作如此，接人待物更应该这样。

我曾有幸在被称为"魔术之王"的霍华德·萨士顿的化妆间待过一个晚上。这也是他最后一次在百老汇演出。在过去40年里，他的表演足迹遍布世界的每个角落，创作出无数令人叹为观止的精彩表演，有超过六千万的观众掏腰包观看过他的演出，他亦从中获利近二百万美元。

我向他请教成功的秘诀。无疑，他的成功与学历无关。萨士顿在很小的时候便离家出走，过着居无定所的生活。他四处扒大篷车，沿路乞讨，夜宿草垛，他认识的字都是从铁轨边的标志牌上自学的。

是他的魔术技巧高人一筹？并不见得。他告诉我：现在市面上关于魔术戏法的书已经超过几百种，比他懂行的人比比皆是。但他身上有两点其他人身上少见的特质。首先，在舞台上，他能够充分展现个人魅力。作为表演大师，他对人性了如指掌。他表现的每个手势、每个语调，甚至每次挑眉的动作都提前仔细排练好，而且每个动作分毫不差，恰到好处。更重要的是，萨士顿对观众充满热诚。他说，很多魔术师面对观众，会想："噢，台下坐的都是傻帽和土包子，看我怎样把他们忽悠得团团转。"但萨士顿不这么认为。他每次登台前，都会对自己说："很感恩有这么多人来看我的表演。我有幸能以爱好谋生，全靠他们捧场。我一定要把最好的节目呈现给他们。"

瑟斯顿说，每次登台前，萨士顿都会在心中默念："我爱我的观众。我爱我的观众。"听起来很可笑吗？无论你怎么想，我只想把这位著名魔术师的成功要诀原原本本地告诉你。

乔治·迪克在宾夕法尼亚州的一个加油站兢兢业业地工作了30年。后来道路改建，他所在的加油站被拆除，他不得不提前退休。无所事事的日子让他无所适从，为了打发时间，迪克重新拾起积灰已久的小提琴。他还去周边地区闲逛，听音乐会，向那些小提琴家悉心请教。他对每个人的经历都深感兴趣，他的谦逊和友好也赢得了所有人的好感。虽然他的演奏技巧并不是最好的，但他却以自己的方式结识了这方面的好些高手。他兴致勃勃地带着旧提琴参加各种比赛，很快便受到美国东部乡村音乐乐迷们的追捧，粉丝亲昵地称他为"来自金祖安郡的小提琴手乔治叔叔"。如今72岁的乔治叔叔名扬天下，每一分钟都过得有滋有味。当大部分人向年龄低头的时候，他却凭借对他人的旺盛好奇心，为自己开创了全新的生活。

西奥多·罗斯福广受欢迎的秘诀也源于此。就连仆人都对他称赞有加。他的贴身管家詹姆斯·E. 阿莫斯著有《西奥多·罗斯福，我心中的英雄》一书。在书里，阿莫斯披露了下面这则趣闻：

> 我太太曾经无意中问总统美洲鹑是什么样子的。因为她从未见过这种鸟，于是总统向她作了详尽的描述。不久后的一天，我家的电话响了（阿莫斯及其妻子的小屋，就在罗斯福位于奥伊斯特湾的大宅里）。妻子接起电话，发现是罗斯福总统亲自打来的。他特地打电话来告诉她，有一只小美洲鹑正停在我们屋子的窗台上，让她快抬头看。总统的这类小故事说也说不完。每当他经过我们的小屋，就算是没有看见我们的身影，我们都会听见他的呼唤："噢噢，安妮你在家吗？""嗨嗨，詹姆斯！"他只想在路过的时候跟我们问声好，让人心里

感觉格外温暖。

正是许多生活中这样的小事，才体现了总统平易近人的性格。作为他的仆人，能不喜欢这样的主人？谁不喜欢呢？

塔夫脱任总统的时候，有一天，罗斯福造访白宫，但塔夫脱总统夫妇均外出了。他叫出了所有昔日为他服务的仆人的名字，包括厨房洗涤室里的那些工人的名字。他对民众发自内心的关爱可见一斑。阿奇·巴特说道：

当他看见帮厨女佣艾丽思时，他问她还做不做玉米面包。艾丽思告诉他，有时她会为其他同事做点，但楼上已经没人吃了。

"他们太没品位了，"罗斯福故意提高嗓门，"回头等我见到总统我得和他说说！"

艾丽思取出一块玉米面包放在碟子上递给罗斯福，罗斯福一边端着碟子吃，一边到处转悠，和花匠、劳工们打招呼问好。

他热情地和每个人拉家常，就像他从前任总统时那样。艾克·胡佛这位在白宫工作长达四十年的首席传达员，每每回想起罗斯福当天到来的那个时刻，便热泪盈眶："那是我们那里近两年来唯一快乐的日子，就算出价一百美元，我们当中的任何人都不愿意作交换。"

人性的弱点

新泽西州查汉姆市一位销售代表爱德华·赛克斯正因为这种体贴的人文关怀，收获了一笔生意。他说起这样一次经历：

数年前，我在马萨诸塞州推销"强生"的产品。每次，当我造访位于馨亨区的一家杂货店时，我都会先和卖饮料的店员和收银员聊上几句，然后再跟店主交谈，确认订单。有一天，我照惯例请店主订货，没想到店主却说再也不会向我订货。每次，当强生公司在超市和折扣店做活动时，根本不会重视他们这些小店。他要我立即离开，我灰溜溜地出了门，垂头丧气地开车在镇子里游逛了好几个小时。最后，我还是决定回到杂货店，至少，我该将我们的立场向店主解释清楚。

我调转车头，踏进杂货店，如往常那样和卖汽水的店员打招呼。当我忐忑不安地来到店主跟前时，他竟然笑眯眯地迎接我，接着，下了双倍的订单。我呆呆地看着他，询问他自我走后的数小时内发生了什么事。他指着饮料柜台的那个年轻男孩，告诉我说，我离店之后，那位男孩告诉他我是唯一一个肯跟店员打招呼的销售。他还告诉店主说，若这世上真有人值得合作做生意，那就是我了。店主被说服了，并表示要和我这样忠心的销售代表保持业务联系。这件事让我相信，不论做营销还是做任何事，真诚地关心他人都非常重要。"

我从自身经历中得出了相同的结论。一个人只要做到对他人真诚关怀，不管这人有多繁忙、多高不可攀，您总会得到他的反馈，赢得谈话机会与合作。以下便是一例：

若干年前，我在布鲁克林艺术科学学院开设小说写作课程。那时，我们想邀请一些知名作家到课堂上分享写作经验，如凯瑟琳·诺瑞斯、范妮·赫斯特、艾达·塔贝尔、阿尔伯特·佩森·特修和鲁珀特·休斯等等。我给这些人写了信，表达仰慕之情，希望得到他们的指导，学习成功经验，恳请他们在繁忙之余来学校。

我在每一封信上面都附有150名学员的签名。我们在信中特别说明，因为理解对方日程紧凑，不一定有空准备讲座，所以随信附上一份调查问卷，以便于他们自我介绍及分享创作方法。作家们深受感动——谁会不感动呢？最后，他们都大老远地赶到布鲁克林，专程帮助我们。

用同样的方法，我陆续说服了罗斯福总统任期内的财政部部长莱斯利·肖、塔夫托总统任期内的司法部部长乔治·维克山姆以及其他名人例如威廉·拜伦、富兰克林·D.罗斯福等人。在我的公共演讲课上与学生交流。

不论工人、职员或者是高高在上的君主，都乐意看到自己得到他人的尊敬。以德国皇帝为例。

第一次世界大战结束时，德皇或许是当时世上最凶残、广受鄙视之人。当他逃亡荷兰以保全性命之时，甚至他自己的国民都对他恨之入骨，恨不得将他五马分尸或绑在火刑柱上烧死。

就在民众的怒火熊熊燃烧之时，有个小男孩却给他写了封信，这封信纯朴而真挚，字里行间洋溢着对他的好感和崇拜。在信里，小男孩说不管别人怎么想，威廉永远都是他心中的国王。德皇被小男孩的真诚深深地打动了，他邀请男孩见面。小男孩在母亲的陪伴下拜访了国王，结果，德皇娶了他的母亲为妻。

这个小男孩并未读过交友、人际方面的书，但是他的天性里就具备这些处世的技能。

如果我们想结交朋友，那么就应该忘却我们自己的利益，全心全意先为他人做些事情，哪怕要为此付出时间、精力、慷慨与体贴。当温莎公爵还是威尔士亲王的时候，曾受邀出访南美。出发前的数个月，他便开始学习西班牙语，为的是在巡视南美各国的时候可以使用当地语言发表演讲。正因为这样，赢得了南美民众的爱戴。

这些年来，我一直坚持悄悄记下朋友生日。如何得到答案呢？尽管我并不信星相学，但是和别人聊天时，我总会问他们是否相信出生日期会影响性格，这样对方就会把他/她的生日告诉我。比如对方告诉我他的生日是11月24日，听到后，我会在心里反复默念这个数字"11月24日，11月24日"，一等对方转身，我就把他的名字和生日记下来，然后汇总到通讯录里。每年年初，我都会在日历上标记下每个人的生日，这样，它们便"自动地"引起了我的注意。到这位朋友生日那天，我会写信或发电报以示祝贺。可以想象，他们会有多高兴啊！或许，我是这个世界上唯一记得他/她生日的人。

如果你想赢得他人的喜爱，那么就让我们以笑脸和激情相迎吧。电话交流时同样要保持这样的心态；接听电话时的一句"你好"，要让对方充分明白你的愉悦和欢欣。许多公司训练接线员时，都会要求接线生以最热情饱满的语气接听电话，让接听电话的人感到公司对他们无比的关切。明天接电话的时候，不妨试一试这个方法。

对他人表达诚挚的关心，不仅可以为你赢得朋友，还能为公司赢得客户。以下这封信出自一位名叫玛德琳·罗斯戴尔的储户，该信发表在纽约北美国民银行所出版的《鹰》杂志上。

> 我真想让你知道，对于你的员工，我有多么感激。他们当中的每一位都是如此彬彬有礼、乐于助人。在经过漫长的等待之后，听到柜员愉快地问好，一天的心情都变得明朗起来。

去年我母亲生病住院了5个月。经常接待我的那位柜员名叫玛丽·佩德赛罗，她总会关切地询问我母亲的病情，时常问起她的治疗进展。

毋庸置疑，罗斯戴尔将继续光顾这家银行。

查尔斯·R.沃尔特斯任职于纽约一家知名银行。有一天，他要为某一集团准备一份机密文件。但报告急需的内幕信息掌握在公司董事长手中，于是沃尔特斯登门拜访这位董事长。当他被带进主席办公室的时候，他看见一位年轻女子探过头来，告诉董事长当天她没有邮票可以给他。

"我最近在为我12岁的儿子收集邮票。"董事长对沃尔特斯解释说。

沃尔特斯先生陈述完自己探访的目的之后便开始提问，而董事长显然心不在焉，回答得含含混混，他不想说话，而且也没法打动他开口说话。因此这次会谈短促而枯燥。

"老实说，我当时真是一点办法都没有。"沃尔特回到公司说，但我想起了他的秘书向他提起过"邮票""12岁的儿子"……于是我想到我们银行外汇处经常收到全球各地来信，收集有大量邮票。

第二天下午，我又去拜访了这位董事长，让秘书带话说有些邮票送给他的儿子。这次我受到了热烈欢迎。他和我握手的时候简直比竞选的议员还要热情，满面笑容，显得格外和蔼可亲。他一边翻看那些邮票一边念叨："我的乔治一定会喜欢这些邮票，看看，这张邮票，可是大宝贝啊！"

我们整整花了半个小时讨论邮票，翻看他儿子的照片，然后，他用去一个多小时答复了我所要了解所需要材料每一个细节——我并没有非要他说得那么详细。他告诉我他所知道的一切，还要下属进来补充，此外，他还给朋友打了一圈电话，把大量的案例、数字、报告及信息都交给我。用记者的行话来说，这绝对是重磅独家新闻。

再举个以心赢心的事例：

学员卡纳斐尔来自费城，好些年来，他都尝试着向一家大型连锁公司兜售燃油，但这家公司总是绕道向另一家经销商采购燃油，且每次拖油车都要从他办公室门前经过。在一次培训课中，纳斐尔先生向班里的同学一股脑儿地倾泻出自己对连锁公司的愤怒，指责它们是挖国家的墙脚。

直到那时，克纳弗先生尚不明白自己为何不能说服连锁公司购买他的燃油。

我向他建议尝试其他营销策略，为此，我在班上组织了一次辩论，把学员分为两组，讨论"连锁公司是否侵害了国家利益"。

依照我的提议，纳菲尔加入反方，他也同意为连锁公司辩护。此后不久，他找到了那位拒绝他的连锁公司经理，对他说："我不是来推销燃油的，我是来寻求你的帮助的。"在简要介绍完他的辩论来由之后，又补充说："我实在找不到比您更好的人选能帮我准备辩论材料了。我非常想赢得辩论赛，不论您帮多帮少，我都会感激不尽。"纳斐尔讲述接下来发生的事情：

"我只要求占用他1分钟，正因为我体谅他的忙碌，他勉强答应见我。等我陈述完我们的辩论内容之后，他给我搬来一把椅子，他却与我谈了1小时47分钟，还把他的一位同事叫来参与我们的讨论。他这位同事曾写过一本连锁经营的书，是他们公司的一位高级职员。他甚至还写信给全国连锁公司协会，代我借出有关的书籍。他认为，连锁经营是真正服务大众，为此感到自豪。他的谈话富有激情，双眸闪烁着睿智的光芒。我必须承认：他为我敞开了一个我从未梦见过的世界。他将我整个心理状态调整了过来。

"告辞的时候，他亲自把我送到门口，拍了拍我的肩，预祝我辩论成功。还表示当我碰到疑惑时可以随时造访。临走时他还说：'春末时候再来，我想订购你们

的燃油。'

"对我来说,这简直太不可思议了,完全超出了我的预期。对于销售燃油的事情,我只字未提,我只是谈论一些他感兴趣的事情。不到2个小时的谈话,比过去10年付出努力的收获还多得多。"

日光之下,并无新事。纳菲尔的故事并不令人感到意外——在古罗马,一位伟大的罗马诗人普布里亚斯·塞勒斯就曾经说过:"当我们关心他人之时,他人也会对我们感兴趣。"

而我想说的是,双方的兴趣,皆以"真"为前提。真诚是为人处世的基础。和其他人际技巧一样,关心别人必须做到真诚。这样才能让彼此从中获益。

马丁·金斯伯格参加过长岛的一次课。他向我们叙述了一位护士的特殊关心深刻影响其人生的经过:

10岁那年的感恩节,我因病住进医院,第二天就要做矫正视轴外科大手术。我明白,术后几个月内我只能乖乖地躺着,忍着疼痛直至治愈,别无他法。父亲过世早,我和母亲相依为命。我们住在政府的福利房里,靠社会救济度日,但是那天妈妈要干活,没空来看我。

我陷入深深的孤独、绝望和恐惧之中。我知道那会儿,妈妈一个人孤独地待在家里,也在为我焦虑、揪心,没有人陪她吃饭,甚至没有钱准备一顿感恩节的晚餐。泪水迷蒙了我的双眼,我把头埋进枕头下,拉起被单盖上,不禁浑身颤抖着哭了起来。

听到我的抽泣,有一位年轻的护士走了过来。她掀开盖在我脸上的被子,为我擦干泪水。她说她也很孤独,因为要值班不能和家人一起吃饭。她问我能否和她一起共进晚餐。她端来了两盘食物,有火鸡肉片、土豆泥、草莓酱、冰淇淋等。那天,她一直陪着我聊天,不断安慰我。尽管她应该在下午4点交班,但那天她一直陪我玩游戏、聊天,直到晚上11点我入睡后才离开。

10岁之后,我过了许多感恩节。但是这个感恩节让我终生难忘。我依然清楚记得当时低落、无助、恐惧的心情,一个陌生人给予我的温暖、柔情融化了我内心的沮丧、害怕及孤独。

如果你想让他人喜欢你,如果你想收获真正的友谊,如果你想在帮助他人的同时让自己得到帮助,请你谨记这条原则:

◎原则1:真诚地关心他人。

2. 保持微笑，给人留下良好的第一印象

在纽约的一次晚宴上，一位继承了大笔遗产的贵妇款款而至，渴望给每个人留下美好的印象。她不惜重金购置了紫貂大衣、钻戒，还有珍珠项链。但她脸上写满尖刻和自私。她没有弄懂这样一个尽人皆知的道理：即，一个人脸上流露的神情远远比身上的衣物、装饰重要得多。

查尔斯·施瓦布告诉我，他的笑容价值百万。这并不是夸大其词，他的卓越成就得益于他的人格魅力及交际能力，而其人格魅力中最为突出的一点就是他那富有感染力的笑容。我们的一颦一笑较之一举一动更具震撼力。你的笑容就已经替你说出"我喜欢你，你让我开心，见到你我很高兴"。

小狗之所以惹人喜爱，也就是这个原因。它乐意与人相处，每次见到人都快活得上蹿下跳。很自然地，我们也乐意见到它们。

孩童无邪的笑容也有同样的效果。

当你在候诊室排队等候，是否观察过身边那些郁闷不乐、烦躁不安的面孔？史蒂芬·斯普劳尔是密苏里一家动物医院的兽医。他向我们培训班学员讲述了这样一个故事：

> 有一年春季，他的候诊室里照例坐满了带宠物来注射疫苗的人们。屋子里鸦雀无声，或许，没有人乐意干等，人人心里都在考虑着自己的一大堆烦心事。大家就这样静静坐着，这时一名少妇怀抱着一个九个月大的婴儿，拖着小猫咪进来了，她在一位男士的旁边坐下，那位男士由于已经等待好长时间而显得心急如焚、坐立不安。但当他转身一看，小孩正注视着他并天真地笑。这位男士是什么反应呢？自然，他立刻冲小孩也笑了笑。然后他便和少妇拉攀谈起来，谈论起她的宝贝和他的孙儿等家庭琐事。旋即，屋子里就变得活跃起来，紧张、郁闷的氛围一扫而光，取而代之的是欢笑和愉悦。

孩子会真诚地微笑吗？当然了，任何虚假的笑都逃不过人的眼睛。只有真正发自内心的笑容才能够暖人心房，带来积极的影响。

密歇根大学心理学家詹姆斯·麦康奈尔教授表达了他对微笑的感受。"那些经常微笑的人，在教育和推销领域都能获得成功，容易让下一代变得更快乐。笑容能传达正能量，比皱眉更富有表现力、更感染人。"纽约一家大型百货公司的人力经理对我说，她宁愿聘请一个虽没有文凭但满面笑容的员工，也不愿意招一个整日闷闷不乐的博士生。

即使在对方看不到你的情况下，微笑也能令之动容。全美国的电话公司都有一项不可或缺的培训，叫"声音的力量"，专门为电话营销的业务员而开设。公司认为，员工的"微笑"可以从语音中显示出来。

罗伯特·克莱尔是俄亥俄州辛辛那提市一家公司电脑部的主管，他向我们讲述了他为一个稀缺职位成功觅得合适人选的经过：

> 我一直想为我的部门招一名计算机专业的博士，花了很多时间都无功而返。最后我终于发现普渡大学一名博士生的履历十分理想。数次电话交流之后，我得知他此前已经收到其他公司的录用通知，而这些公司都比我所供职的公司大、有名气。所以，最终他选了我们，我非常高兴。在他入职之后，我问他为何选择了我们而非其他公司，片刻思量之后，他说："我认为这是因为其他公司的主管在电话里头那冷冰冰、公事公办的口吻，让我觉得我只是他们一次例行公事的交易而已，而你的语调听起来让我能够感受到你的快意……听上去是真心希望我成为你们公司的一员。"不用说，至今，我在和

别人电话交流时都保持着微笑。

美国规模最大的橡胶公司董事长对我说：据他观察，一个人不论做什么事情，如果没有兴趣，将很难成功。这位商业领袖并不相信"梅花香自苦寒来"这句话，他说："我认识许多人在创业的时候风生水起，乐在其中。但是随着时间推移，当创业的乐趣逐渐被烦琐的工作代替时，他们的心态就变了，失去了最初的激情和兴趣，随之而来的便是事业的失败。"

如果希望留下一个美好的印象，那么你就应该表现出愉悦的心情。

我曾给课上的商界人士布置过一项作业，让他们时刻对周围人保持微笑，坚持一周，再回到课堂上分享他们的感受。您猜会发生什么？下面这封信是威廉·斯坦哈特的感想，代表了许多人的心声，信中写道：

我已结婚18年了。每天，从我起床到准备出门上班，很难给妻子一个笑脸，甚至话也懒得说。每天有成千上万上班族面无表情地穿过百老汇大街，我就是其中之一。

微笑对待别人，我想试一周看看效果。所以，次日清早，当我梳理头发、瞧着镜子里那张挂满愁容的脸，我对自己说："从今天开始，你必须要抹去自己脸上的怒容，保持微笑！"当我坐下吃早餐时，微笑着对妻子说:"亲爱的,早上好!"

课堂上老师也提醒过,突如其来的微笑,妻子可能会感到惊讶。她确实大吃一惊,为我的变化不知所措。我告诉她,以后每个清早我都会这样做,而且我做到了。

在过去的两个月里,家里充满了欢声笑语,再不像去年那样愁云密布。

上班路上,我微笑着对电梯操作员和门卫道早安;在地铁售票口等找零的时候,我向收银员微笑致意;走进证券交易所大门,我同样微笑着对待所有人。——在此之前,他们大概从未见我笑过。

很快我就发现,每个人都会对我报以友善的微笑。面对满腹牢骚的客户,我依然面带着微笑去倾听,棘手的问题也变得简单了。微笑给我带来好运,每天都有丰厚的进账。

我和另一位证券经纪人共用一间办公室,他的秘书是个讨人喜欢的小伙子。我取得成功的人际效果后,禁不住把这个"诀窍"告诉了他。小伙子坦白地告诉我,刚接触我他还误以为我是一个脾气不好的人,直到最近才改变了看法。他说,我微笑起来显得很亲切。

现在,我改掉爱指责别人的坏毛病,对人总是不断赞美和欣赏,也不再一天到晚把我要怎样挂在嘴边。而是试着站在别人的立场看待问题,这些改变真的颠覆了我的生活，我也像是脱胎换骨，变得更快乐、更有内涵、更友善，还收获了友谊，这才是人生的意义所在。

你不喜欢微笑？那可怎么办？请做到这两点：第一，强迫自己微笑；第二，当独处时不妨吹吹口哨，哼哼小曲，假装很快乐，时间久了，快乐自然就成了习惯。心理学家、哲学家威廉·詹姆斯是这样解释这一现象的："人的行为和情感几乎同步，行为能影响情感。只要有意识地控制行为，积极的行为就会改变情感，使人变得积极向上。

"所以，当心情不好时，要学会主动地通过行动让自己变得高兴。久而久之，就好像你真的很高兴一样……"

这世上每个人都在寻找幸福。学会控制自己的想法，就能够得到幸福。幸福并非取决于外在条件，而是取决于心理状态。

决定快乐与否的并不是你是谁、你在哪里或是你在做什么，而是你看待问题的方式。譬如说，两个人在同一个地方干着同样的工作，拿着相同的薪水，享受着同样的名望，可其中一人感到幸福快乐，而另外一人则觉得凄惨兮兮。为何？原因就在于他们各异的心理状态。在纽约、芝加哥或洛杉矶的空调房里工作的白领，我曾见过好些很惬意的脸；但也曾目睹在热带的烈日下用落后工具辛勤耕作的农民，而他们的脸上同样洋溢着幸福。

莎士比亚说，世上本无所谓好与坏，纯属思想使然。

亚伯拉罕·林肯也说过："人们的幸福感取决于他们的心境。"他说得对。我曾经目睹过一个再生动不过的案例。那时，我正在纽约长岛火车站沿着楼梯往上走，走在我前面的是一群挂着拐杖的残障男孩。他们艰难而缓慢地一步步走上台阶，其中一人还需要别人搀扶。然而他们的欢笑声洒了一路，每个人脸上都是快活的神情。我被这快乐所感染，和他们的领队老师攀谈起来。那位先生说："当孩子们意识到自己将终生残疾，一辈子都得依靠拐杖的时候，最初都会震惊不已；然而一旦从震惊中清醒过来，他就会接受命运的安排，下决心要像正常孩子一样快乐地生存下去。"

在那一刻，我深深地想向这些男孩子脱帽致敬。他们给我上了一堂人生课，这堂课我终生难忘。

在封闭的办公环境里独自忙活，不仅让人感到孤独，而且丧失了与其他同事交流的机会。来自墨西哥瓜达拉哈拉的学员玛利亚·冈萨雷斯太太的工作环境就是如此。上班的第一周，她坐在自己的办公室里，听着隔壁传来的阵阵欢声笑语，她都会非常羡慕。然而每当她经过同事身边时，她总会因害羞地左顾右盼。

数周之后，她对自己说："玛利亚，你不要总等别人来和你打招呼，你应该主动。"于是当她到饮水机旁接水时，见到别的员工，脸上立刻浮现出迷人的微笑，问候别人："嗨，你好啊！"别人看到，也都报以她微笑和问候。慢慢地，公司走廊也似乎变得敞亮了，工作氛围变得轻松起来。她认识的人越来越多，有的还成了朋友，工作和生活变得更加生趣盎然。

让我们一起欣赏著名随笔作家、出版家阿尔伯特·哈伯德的名篇。但请记得行胜于言，只说不做是无济于事的。

每当我走出家门,我都要收紧下颌,抬头挺胸,深呼吸。走在阳光中,我微笑着和每一个人问好。每次握手都要真心诚意,不必担心误解,不必把时间浪费在恩仇、得失上。我应该坚定自己的信念,并持之以恒,不畏艰险,勇往直前,你就会发现在日升月落之间,你已经不知不觉地抓住了每一次接近目标的机会,像珊瑚从浪花中汲取养料一样。在我的脑海中,始终会浮现成功的样子。我一定会成为那个美好真诚、才华横溢的自己。我的思想将引领一切,也会不断修正,让我逐步接近梦想。我要坚守正确的价值观,学会无畏、坦率、乐观。因为正确的思维是创造一切的前提。当我发自内心去祈祷,一切美好都会实现。倘若你心意坚定,你就不会迷失方向。放低下巴,抬头挺胸,我将脱颖而出。

古代中国人富于智慧,其真知灼见放之四海皆准。他们有一句古训是这样说的:"人无笑脸莫开店。"

微笑是你美好心愿的表达。当人们受够了生活中的忧愁、冷眼与漠视,你的微笑就是为他们驱散乌云的太阳,瞬间点亮他们的生活。每个人都得面对来自老板、顾客、老师、父母、子女的重重压力与现实的种种不堪,而一个微笑就能够令彼此感受到世间的温情。

多年前,圣诞将至,汹涌的采购人潮令纽约的店员如临大敌。为了帮助员工减压，在布告栏张贴了一段温馨的文字：

圣诞节的一个微笑

一个微笑无须花钱，却回报颇丰。

一个微笑让他人心满意足，而您并无损失。

微笑只是一瞬间，而带给他人的记忆却是一辈子。

一个微笑，富人不会厌弃它，穷人也不可缺少。

它让家庭更美满，生意更兴旺，朋友更亲密。

它是疲惫者的休憩所，是失意者头上的一缕阳光，是悲痛者的白昼，是世俗烦恼的解毒药。

然而，它买不到，求不来，不能租借，更不能窃取，它是无价之宝，只有真诚才能获取。

在圣诞节狂购的最后时刻，假如售货员实在疲惫得不能向你传递，而您，是否能把微笑留下？

因为，不会微笑的人，更需要微笑。

◎原则2：微笑。

3. 记住他人的名字

早在1898年,纽约罗克兰郡发生了一桩悲剧。正值隆冬之际,大地被茫茫积雪覆盖,凛冽的寒风呼啸而过。吉姆·法利走进马厩把马儿拴上,准备出席邻家一个孩子的葬礼。由于马儿已经有好些天没有外出活动筋骨了,当吉姆·法利将它牵到水槽旁边时,它兴奋得高高扬起前蹄,却意外地将吉姆·法利踢死了。这样一来,这个不幸的小镇在一周之内举办了两次葬礼。

吉姆·法利意外离世,留下妻子和三个儿子,以及几百元保险赔偿金。

吉姆·法利的大儿子也叫吉姆,当时只有10岁。为了生计,他不得不去砖厂打工养家糊口,每日运送砂土并倒入模具,将成形的砖块在阳光下来回翻面烤干。他没有机会上学,却以天生的亲和力博得了身边所有人的好感,随着年龄增长,他练就了一种奇特的本领,那就是牢记别人的名字,这为他的政治生涯奠定了基石。

从未上过小学的他，在46岁前，已被四所大学授予名誉学位，并先后任职民主党国家委员会主席、美国邮政署总长等职位。

我曾经采访过吉姆并问起他成功的秘诀。他说："勤奋。"我说："别开玩笑了。"

于是，他反问我他成功的原因。我回答说："我知道你可以叫出上万人的名字。"

"不，你错了，"他说，"我至少记得五万个人的名字。"

毫无疑问，正是这种能力，让吉姆在1932年罗斯福的竞选阵营里帮助富兰克林·罗斯福成功挺进白宫。

吉姆曾是一名销售员，四处兜售石膏肥料，他还在斯托尼波恩特市当过办公室打杂的小文员，在这些种种的人生经历中，他练就了牢记他人名字的一副好本领。

刚开始，记忆方式很简单：遇到一个陌生人，他就会通过闲聊了解对方的姓名、家庭状况、工作和政治观点等问题。他会把谈话内容牢记在心，并与对方的外貌联系在一起。下次再见到对方，即使是若干年之后，他也能够准确无误地叫出对方的名字，再次和对方寒暄，谈论家长里短，诸如花园里的蜀葵长得怎样。难怪有那么多人支持他。

在罗斯福竞选总统数月之前，吉姆每天会写上百封信寄至西部及西北部的各州民众。接着，他展开游说之旅。19天内要走完20个州，行程12000英里，坐遍马车、货车、汽车和船等当时该

有的一切交通工具，每到一个城镇，他都会抓住一切时机和当地人共进早餐、午餐或晚餐，与他们推心置腹地交谈，接着又马不停蹄地赶往下一个目的地。

等一回到东部，他立刻向拜访过的每座城市的联络人写信，索要一份与他交谈过的贵宾名单寄给他。总名单终于出来了，名字数不胜数。但是小吉姆仍然会给名单上的每个人写一封赞美的私人信件，而且开头都是"尊敬的比尔"或"尊敬的简"，每封信末都有吉姆的亲笔签名。

吉姆在很小的时候就意识到，人们往往更加注重他/她自己的名字，而非他人的名字。能够熟稔地叫出对方姓名，这本身就是对别人最微妙、最有效的赞美。不过记错或是写错名字就比较尴尬了。我曾在巴黎开过公共课，向在巴黎的所有美国居民发出了邀请函。不料法国的打字员英文不好，拼错了好几位美国人的姓名。就因为这个小错误，其中一位在美国银行巴黎分行工作的经理非常生气，甚至写了一封措辞严厉的回信表达他的不满。

有些名字确实相当难记。尤其是一些发音拗口的名字，大多数人连试着念一下都不愿意，直接以昵称代替，或是以容易记忆的绰号代之。培训班学员西德·莱维曾经拜访过一位名叫尼可德穆斯·帕帕多洛斯的客户。为了省事，大多数人都直接叫他"尼可"。而莱维是这样做的："拜访他之前，我特意练习了好多遍怎么读他的名字。当听到我在电话里头说出'下午好，尼可德穆斯·帕帕多洛斯先生'的时候，他惊讶极了，愣了足足好几分钟。之后，他热泪盈眶地对我说：'莱维先生，我在这个国度待了整整15年,但从来没有人愿意费事叫我的全名,从来没有。'"

安德鲁·卡耐基成功之要诀何在?他被称为钢铁大王,可他本人对钢铁制造业却知之甚少。为他工作的上百名员工,每个人都比他懂得多。

然而只有他深谙与人和睦相处之道,这也是他成功的关键。很小的时候,他就已经显露出组织领导的天赋。10岁的时候,他惊讶地意识到人们对自己的名字相当重视,并利用这一点去和别人谈合作。他的童年在苏格兰度过。有一天,他碰巧抓到了一只怀孕的母兔。母兔很快产下了一窝小兔子下,但卡内基没有食物可以喂这窝小兔子而危在旦夕。于是小卡内基灵机一动,召集了邻家的小朋友们,宣布说谁能找来喂兔子的三叶草和蒲公英,就以谁的名字给这些小兔子命名。

这个方法果然奏效,卡内基至今对此印象深刻。很多年过去了,他利用同样的心理战术,在生意上取得了巨大成功。

小卡内基从此记住了这一点。数年后,他利用同样的心理战术为其事业赢得了百万财富。卡内基在匹兹堡刚开了一家大型钢铁厂,他想把铁轨卖给宾夕法尼亚铁路公司,当时宾夕法尼亚铁路公司的董事长是埃德加·托马森,于是安德鲁·卡内基在宾夕法尼亚西南部的匹兹堡兴建了一座大型炼钢厂,将其命名为"埃德加·托马森钢厂"。

不言而喻,当宾夕法尼亚铁路公司需要铁轨的时候,会去哪家公司进货呢?希尔斯和罗百克公司?还是埃德加·托马森钢厂?您一定不会猜错。

人性的弱点

当卡内基与乔治·普尔曼为了争夺太平洋铁路联合公司的铁路卧铺车大单时，这位钢铁大王再次想起了儿时的那窝小兔子教给他的道理。安德鲁·卡内基控股的是中央运输公司，与普尔曼的公司为争夺订单，双方打起了硝烟弥漫的价格战，几乎在以零利润竞争。卡内基和普尔曼不得不一起去位于纽约的太平洋联合公司拜见董事会。当晚，这两位行业大佬在尼古拉大饭店相遇。卡内基说："晚上好！普尔曼先生。我们不是在愚弄自己吗？"

"你这是什么意思。"普尔曼问道。

于是，卡内基把藏在内心已久的计划一一道来：合并两家公司的利益。他热情洋溢地向普尔曼描述了双方合作而非竞争将实现的双边利益。普尔曼饶有兴趣地听着，但还是不怎么相信卡耐基所言。最后，他问道："那这家新公司应该叫做什么名字呢？"卡耐基随声应道："嘿，当然叫普尔曼宫廷车厢公司啦。"

听闻此言，普尔曼脸上立刻放出了光，对卡内基说："进我屋里来，咱们好好聊聊。"而这次谈话改写了美国工业史。

安德鲁·卡内基之所以成为商业领袖，最重要的秘密是他能够记住朋友和合作伙伴的名字，并且予以尊重。卡内基以此为骄傲，他能够叫出工厂里大多数工人的名字；他还自豪地宣称，只要是他本人管理过的工厂，工人从来都不罢工，炼钢炉里熊熊燃烧的火焰经久不息。

得克萨斯州商业银行股份公司的总裁本顿·罗孚认为：公司越大，人情味越淡。他说："牢记大家的名字，能让公司多一些温暖。"

加利福尼亚州的凯伦·柯什是美国环球航空公司的一名空乘人员。她养成了一个好习惯：尽可能多地记住自己所服务客舱里的乘客名字，并在为他们提供服务时叫出对方名字。许多乘客为此深受感动，特意致信航空公司提出表扬。其中一位乘客写道："我有好些时候没有乘坐贵公司的班机了，但是从今往后，我将只选择贵公司。是你让我感觉你所在的航空公司非常温情，这一点对我来说很重要。"

人们很重视自己的名字，为此付出任何代价都在所不惜。连暴戾无情的马戏团老板巴纳姆都曾开出25000美元的天价要求他的外孙C.H.西利改名为"巴纳姆·西利"，以弥补没有儿子继承姓氏的遗憾。

很多世纪以来，达官贵人纷纷资助艺术家、音乐家及作家，其目的就是为了所创作的作品能够以他们的名字冠名。

名门望族唯恐自己的名字在历史长河中烟消云散，因此，图书馆和博物馆里那些价值连城的收藏品，不用问，都是那些希望自己名字永垂千古的人捐赠的。纽约公共图书馆珍藏了大量阿斯特家族和伦诺克斯家族的藏书。大都会博物馆永远镌刻着本杰明·阿尔特曼和皮尔庞特·摩根的名字。几乎每一座富丽堂皇的教堂玻璃窗上，都蚀刻有捐赠者的名字。大部分大学校园里的建筑，也是以当时捐赠人的名字冠名。

那些声称记不住别人名字的人，无非是不愿花时间和精力专注于此。他们总是以忙碌为借口，他们再忙也忙不过美国总统富兰克林·D.罗斯福吧，哪怕是只有一面之缘的机修工，罗斯福都

能叫出他的全名。

罗斯福中年因疾病瘫痪，无法驾驶普通的汽车，因此克莱斯勒公司为他量身定做了一辆小轿车。W.F.张伯伦和一位机修工负责把车送至白宫。张伯伦在信中这样描述他的白宫之旅——

我去教罗斯福如何驾驶这款有特殊装置的汽车，而他则教会了我很多与人相处的艺术。到白宫的时候，总统亲切地直呼我的名字，让我觉得很自在。令人印象深刻的是，总统对我讲的所有机械原理都非常用心。这辆车设计独特，完全可以只用双手操控。总统向围观的人群说："这辆车实在太棒了！一按开关就能开走，太简单了。实在太棒了！我真想把它拆开，看看它的构造。"

当罗斯福总统的朋友和下属对这辆车赞不绝口的时候，他也当众对我说："张伯伦先生，非常感谢你们为我生产的这辆车。你们一定花费了不少精力。这部车简直妙不可言！"他又注意到散热器、特种反光镜、定制钟、特殊设计的车灯、座椅、驾驶室、车厢和后备厢都刻有他名字的缩写。他对这些细节更是大加赞赏。也就是说，他注意到我们付出心血的每个细节。他还提醒罗斯福夫人、柏金斯女士、劳工部部长和秘书都应该注意到这些细节。他甚至半开玩笑地对老门房说："乔治，你可得好好照管这些行李箱啊。"

试驾结束时，总统转过来看着我说："哎呀，张伯伦先生，联邦储备委员会已经等了我半个小时了，我想我也该回去工作了。"

那天我带了一名机修工和我一起去送车。刚到白宫的时候，我向罗斯福总统简单提了一句机修工的名字。这小伙很害羞，一直都静静地待在人群后边。等到我们离去的当儿，总统却找到他，叫出他的名字，和他握手，感谢他来到华盛顿。总统的谢言中没有丝毫的敷衍，他是衷心的、认真的，我感觉得出来。

回到纽约的数天之后，我意外收到一张总统签名的照片，上面有他的亲笔签名，还有一封感谢信，他再一次表达了对我相助的感激。我很惊讶一位日理万机的总统竟会亲自做这些小事。

富兰克林·罗斯福明白：记住一个人的名字，能让人感到受重视，是最简单、最直接获取好感的方法。这个方法再简单不过了，但有几个人能够真正做到呢？

哪怕已经和新认识的陌生人谈了很长一段时间。但分别时，竟然记不起对方的姓名。

每位政治家学到的第一课都是："记住选民的姓名是政治家必备的才略之一，遗忘即意味着被遗忘。"

记人姓名的能力，不仅是商务往来及人际交往的关键，也是政治活动的纽带。

法国皇帝拿破仑三世，即拿破仑一世的侄子曾炫耀地说，虽然他公务烦冗，仍然能够记住每一个见过的人的姓名。

他的技巧何在？很简单。如果没听清对方的名字，他会说："不好意思，我没听清。"而如果名字非同一般，他会直接请教对方："你的名字该怎样拼写呢？"

在交谈的时候，他会不厌其烦地把名字重复好几遍，并在脑海中把对方的言谈举止牢牢记住。

如果这个人位居权贵，拿破仑会格外用心。只要有空，他就会在纸上写下对方的名字，专注地默诵，然后再撕碎这张纸，这样自然就加深了印象，名字也能够牢牢地记在脑海中。

记住姓名需要花工夫。正如爱默生所言：好的习惯建立在日复一日的琐碎牺牲之上。

记住和使用姓名的重要性不仅仅是国王和公司高管的特权。如若使用得当，人人都能够从中受益。

印第安纳州通用汽车公司的员工肯·诺丁汉经常在公司自助餐厅吃午餐。他注意到在柜台后的一位女服务员总是皱着眉头。她已经做了三个小时的三明治了，对她而言，我的存在不过意味着又要做一个三明治而已。我点了餐，她将一块火腿放在一台迷你秤上过秤，外加一片生菜、一些土豆丝，然后面无表情地递过来给我。

第二天，我排在同一条线上等待服务，看到那位女士还是皱着眉头。我走过去微笑道："嘿，尤妮斯！"

我照惯例点了餐。这次她忘了要过秤这回事；她给了我一大堆火腿、三片生菜，还有很多的土豆丝，食物堆得在我的托盘里几乎要洒出来。

我们应该知道名字中包含的魔力，并意识到这个名字完全只属于和我们交往的那一个人，而非其他人所有。名字令我们与众不同，成为独一无二的自己。沟通中一旦道出对方姓名，我们所传递的信息或是请求就增添了一层特别的色彩。不管和我们打交道的是服务生，还是高级行政主管，重视对方的名字都将带来不可思议的影响。

◎原则3：请记住，姓名是一个人最重要的声音符号，牢记他人的姓名。

4. 善于倾听，成就优秀交流者

不久前，我应邀参加了一次桥牌聚会。我本人不会打桥牌，正巧遇到一位女士也不会，于是我俩站在一旁聊天。谈话中我提到在洛厄尔·托马斯转行进入播音领域之前，我曾担任过他的职业经理人，我曾为了帮助托马斯准备演讲而游历欧洲，这位女士对此显得很兴奋："噢，卡耐基先生，我太想听您讲讲你去过的欧洲名胜古迹了！"

我们坐在沙发上开始细聊，她说她和丈夫刚从非洲旅行归来，我非常感兴趣，说："非洲啊！真是一个有趣的地方！我一直都想去看看，但始终没机会，只在阿尔及利亚碰巧待了一天，其他地方都没有去过。快跟我讲讲，您去过的那些国家有什么珍禽猛兽？您太幸运了！真羡慕！"

我就这么一问，她竟然絮絮叨叨了45分钟！再也没见她提及我的欧洲游历。其实她真正想要的是有人听她讲自己的所见所闻，而不是听我讲，这样她可以大谈自己的所见所闻，获得心理上的满足。

她并不是个例，大部分人的心态都和她一样。

有一次，我在纽约图书出版商的晚宴上结识了一位著名的植物学家。我以前从未和植物学家交谈过，我对他充满好奇。我正襟危坐，全神贯注地听听他讲述那些奇异的植物，以及为了培育新型植物和室内花卉而进行的试验——就连貌不惊人的马铃薯背后都有那么多趣事。我有一个小小的室内花园，他热心地给我出了很多主意，让我更好地管理花园。

那一次晚宴，宾客云集。但我听得太投入了，失礼地忽略了其他人，和这位植物学家一谈就是几个小时。直到夜深，我才恋恋不舍地起身告辞，这时植物学家走到主人面前对我大加称赞，说我是"最有趣最健谈的人"。

"最有趣最健谈？"事实上，从头到尾我几乎都没说几句话。哪怕我想说，我也说不出什么——我对植物的了解像对企鹅一样一窍不通，不换个话题我根本就搭不上话。幸好我做到了认真聆听，越听越入迷。而他也感受到了这一点，自然越讲越兴奋。专注的倾听是我们能够给予他人的最高赞许。杰克·伍德福德曾在《爱上陌生人》一书中写道："很少有人会拒绝聆听者的敬意。"而我不仅做到了最大程度的专注和投入，还给了那位植物学家"全心全意的赞美"。

我告诉他和他聊天非常愉快，让我受益匪浅。我确确实实是这样想的，我说希望能像他一样拥有渊博的知识，希望和他一起

去原野里走走看看；我还告诉他，希望还能再次见到他，我也确实登门拜访了这位先生。

就这样，他觉得我是非常健谈的人；而事实上，我只是善于倾听，并一直在鼓励他说下去。

商务会谈的成功秘诀是什么？哈佛大学前校长查尔斯·艾略特对此的回答是："成功的商务会谈根本就没有任何神秘色彩……关键是在对方说话的时候专注地倾听，是令对方解除戒备的最佳方式。"

艾略特，这位故去的校长，他自己就是一位精明的倾听者。美国文学泰斗亨利·詹姆斯回忆道：艾略特博士不是沉默地倾听，而是积极地回应。他习惯坐得笔直，双手交叉放在大腿上，时快时慢地转着拇指。除此之外，别无其他动作；他总是看着你说话，让对方感受到他的关切。他细心聆听，既思索着你当下的言语，又考虑到此前你的叙述……每个和他交谈的人都感觉在他面前能够畅所欲言。"

这个道理很浅显，对吗？您不用去哈佛读四年书就能明白。假如一些商家租下繁华地段，精打细算地囤积货物，将橱窗装饰得美轮美奂，再斥资千万进行广告宣传。可到头来，所雇用的店员却不懂得听取顾客的意见，有的服务员经常随意打断顾客的谈话，顶撞或激怒顾客，甚至把顾客赶出门。

在芝加哥的课上，学员亨利埃塔·道格拉斯女士讲了一个故事：

芝加哥一家百货公司的忠实顾客亨利埃塔·道格拉斯女士，她每年都要在这家商场消费上千美金，而这家商场差点儿失去了一位长期光顾他们的老顾客，有一天，她在这家商场买了一件特价大衣。回家之后她才发现，大衣的衣服领口开裂。次日，她回到公司要求更换。可是售货员却狡辩，指着墙上的告示说："你是以特价买的，'特价商品不予退换'。你买下来了就得接受。你自己把裂口缝一缝吧。"

"但这件商品质量有问题啊。"道格拉斯夫人提出抗议。

道格拉斯女士怒气冲冲地转身离开，暗自发誓再也不在该店购物。恰巧市场部门经理看到了这一幕。部门经理认识她很久了，远远地就向她打招呼。道格拉斯女士于是把事情的全程讲给这位经理听。

经理仔细聆听了整个故事，检查了外套，解释道："特价商品通常都是不能退换的，这样在季末我们才能减少库存，为新一季货品做准备。但是有质量问题的商品不在政策限制的范围内。我们肯定会为你缝补或更换大衣的衬里。或者，如果你乐意的话，给你退货。"

两位工作人员的态度真是天壤之别！如果那位经理没有碰到当时的一幕，没有倾听顾客的诉求，这家百货公司将永远失去一位忠实顾客。

在家庭生活中，倾听也同样重要。来自纽约的米莉·埃斯波西托就有同感：她总是认真倾听孩子们的唠叨絮语。一天晚上，她和儿子罗伯特坐在厨房里聊天。埃斯波西托夫人正认真听罗伯特说话，罗伯特突然说："妈妈，我知道你非常爱我。"

埃斯波西托太太既感动又惊讶，并说："我当然非常爱你。怎么了，你之前觉得我不爱你吗？"

罗伯特回答说："不是，我只是觉得每次我想跟你说点什么的时候，你都会停下手中的活儿细心听我的诉说。所以我知道你很爱我。"

即便再吹毛求疵，喜好批评的人，在富有耐心、同情心、善于倾听的人面前，也会变得温和起来。挑衅者经常会怒不可遏，像张开大利齿的眼镜蛇一样嘶嘶地喷吐毒液，随时攻击别人。这个时候，听话的人应当尽量保持理智和沉默。

几年前，纽约电话公司遇到了一个相当难缠的客户。他声称账单是错的，拒绝付款，还破口大骂，甚至歇斯底里地扬言要毁坏电话线；他还不断写信给各家报社，向消费者协会投诉，甚至屡次将电话公司告上法庭。

最后，电话公司不得不派出一位经验丰富的调解员，去解决这个棘手的麻烦。这位火药味十足的老先生，一见面就开始大发牢骚，调解员任凭对方喋喋不休，只是在一旁默默地听着，间或点点头，对他表示理解和同情。

在培训班上，这位调解员回忆起这段经历："他一直在肆无忌惮地疯狂喷火，我听他骂了差不多三个小时。这之后我再去找到他，听他继续说，前后一共四次。在第四次拜访结束时，我得知他正要创建一个'电话用户维权协会'，我说我也要加入这个协会，直到现在，我都还是这个组织的成员，不过据我所知，这个组织只有我和他两个人。

在这些会谈过程中，每次我都认真聆听他的谈话并不断点头表示理解。第一次拜访我没有提及来访目的，第二次、第三次也没有。直到第四次，我圆满地完成了任务。他付清了全部欠款，并破天荒地主动撤销了写给消费者协会的投诉。他和电话公司的持久战终于结束了。

表面上看，这位顾客是在讨伐冷酷无情的剥削，维护公众的权利。但事实上，他骨子里就是想得到一种被重视的感觉，通过不断挑剔和抱怨，终于得到电话公司的重视，他满足了自己，之前的恩恩怨怨也立刻被抛到九霄云外了。

朱利安·F.德特默是德特默羊毛公司的创始人，该公司后来成为世界上最大的羊毛衫经销商。德特默给我讲了这样一件事：

人性的弱点

数年前的一个早晨，一位顾客愤怒地闯进德特默的办公室。这个人欠我们公司一小笔钱，可他不认账，但我们知道是他的错。所以我们的财务部坚持要他还款。在收到我们财务部门的一些催款通知后，他收拾行李，直奔我们芝加哥的办公室。告诉我他不仅不会支付这笔账单，而且他从此再也不会购买德特默羊毛公司出产的任何东西。

谈话中，中途很想打断他，但我意识到这个方式不可取，所以我任由他发泄情绪，噼里啪啦地说完。最后他终于平息了怒火，我才平缓地开腔："感谢你来芝加哥告诉我这件事。你也算是帮了我一个忙，因为如果我们的财务部门惹恼你了，它可能也会惹恼其他得客户，那就太糟糕了。相信我，我比任何人都更想知道这件事的来龙去脉。"

这位客户做梦也没料到我会这样说。我觉得他大概有一点失望。他本想千里迢迢跑到芝加哥教训教训我，而我不仅不跟他吵，反而感谢他。我向他保证我们会把那一小笔钱从账上消掉，再也不提。我对他说，我知道他是个细心的人，更何况他只需掌管一个账本，而我们的员工管理着几千份账目，难免有纰漏，因此我相信错一定不在他。

我还告诉他，我完全理解他的感受——如果我遇到相同的状况，也一定会有相同的反应。鉴于他以后不再购买我们的任何产品，我向他推荐了其他几个羊毛厂家。

以前，这位顾客只要来到芝加哥，我们都会共进午餐，所以那天我照常邀请了他。他勉强地答应了，出乎意料的是，等吃完午饭回到办公室，他却下了一个比往常还要高额的订单。待回到家时，他的心境已经平复、缓和；他懂得了换位思考，他回去重新对了账，发现是他自己漏了一笔款项。于是，他给我们寄来了支票，还附上一封致歉信。

后来，当他的妻子给他生了个男孩，他给孩子取中间名为"德特默"，22年以来，他始终是我们公司的朋友和主顾，直至他去世。

几年前，一位荷兰小男孩随家人移民至美国。因为家境贫寒，他每天放学后都去帮面包店擦窗子贴补家用，还要拎着篮子沿街在水沟里寻找运煤车落下的煤渣。这个小男孩叫爱德华·波克，一生只上过六年学，但后来却成为美国新闻界最年轻有为的杂志编辑。他是如何取得成功的？说来话长，不过，他迈出的第一步还是可以在此简述一下，那就是凭着本章提到的人际原则开始了事业的起步。

离开学校时他才13岁，在西部公司打杂，但他一刻都没有放弃过学习的念头。他把搭车钱节省下来，不吃午饭，用省下的钱买了一本《美国名人录》。这之后，他做了一件出人意料的事情：他很善于倾听，阅读这些名人的故事后，就开始给这些名人写信，询问他们童年时代的轶事，并请求这些名人给他讲述他们自己的过往。当时，詹姆斯·A.加菲尔德将军正在竞选总统，当收到小男孩给他的信，问他是否曾经在运河上当过纤夫，而加菲尔德就真的给他回信了。他还写信给格兰特将军，向他打听一场战争的始末，而格兰特将军也给他回了信，而且亲自附上一张手绘图，邀请这位13岁的少年共进晚餐，两人谈了整整一个晚上。

不久，这位西联公司的少年便和国内好些名人建立起了书信来往，其中包括爱默生、温德乐·霍姆斯、朗费罗、林肯夫人、路易莎·阿尔科特、谢尔曼将军、亚伯拉罕·林肯夫人和杰斐逊·戴维斯等人。他不仅和这些名人保持通信，而且一到放假之日就亲自拜访，成为受他们欢迎的座上宾。这样的人生经历培养了他的自信心。那些名人的事迹开拓了他的视野，激发了他的雄心，从而改变了他的人生轨迹。而这一切，其实都是遵循了我们正在讨论的处事原则的运用。

采访了数百位名人的记者艾萨克·马克森宣称，许多人没有给人留下良好的印象，因为他们不善于倾听。"他们只关心自己的事情，别人说话一概不听……很多名人也表示，相比健谈者，他们更倾向于和那些善于倾听的人交往。但是，人们都不善于倾听。"

不仅名人，普通人也同样需要倾听。正如《读者文摘》曾经说过的那样："人们去看医生有时只是需要一个听众而已。"

在南北战争的最黑暗时期，林肯写信给伊利诺伊州斯普林菲尔德的一个老朋友，请他来华盛顿。说想与他讨论一些问题。这位老朋友来到白宫，林肯询问此刻发布解放奴隶的宣言的可取性。并就此和他倾谈了数个小时。林肯详细分析了各方意见和观点，又读了一些批评他的信件和报刊文章，一派担心他解放奴隶，另一派谴责他举棋不定。一番长谈之后，林肯与这位老朋友握手告别，互道晚安后，林肯就派人把这位朋友送回伊利诺伊州。从始至终，林肯滔滔不绝地发表意见，始终没询问他朋友的意见，然而正是这番倾诉帮助林肯理清了思路。"谈话过后，他看起来如释重负。"这位老友回忆道。林肯并不需要建议，而是一个友好而体贴的听众，让他内心的苦闷和焦躁得到释放。这也是每个人在困厄之时最需要的。愤懑的顾客，满腹牢骚的员工，或是伤痕累累的朋友，都迫切地想要对他人倾诉心声。

西格蒙德·弗洛伊德是现代社会最了不起的倾听者之一。有位见过弗洛伊德的人是这样描述他的倾听方式："他倾听时的举止太令我震撼了，以至于我永远不会忘记他。他的品质世间罕有，我此前从未见过谁能够如他一般专注。我指的并不是那种所谓'穿透心灵深处的洞察'。他的眼神和蔼可爱，声音低沉而温柔。手势极少，关切却极为诚恳。他对我所述之事深表赞许，哪怕我表述得很糟糕，他也给予真诚的尊重。总之，你没法体会到那种被倾听的感受，这样的倾听对一个人来说是多么深切的慰藉。"

如果你希望别人躲着你，在背后嘲笑你，甚至鄙视你，就请这样做吧——不听任何人说话，一味谈论自己；如果在别人说话的时候想到了什么，不等对方说完就直接插嘴。

你认识这样的人吗？不幸的是，我认识很多。而且令人吃惊的是，其中也不乏知名人物。

他们总是陶醉于自我之中，沾沾自喜，不可一世，着实令人讨厌。

那些一味只是自己说的人，往往只想到他们自己。哥伦比亚大学的校长尼古拉斯·默里·巴特勒博士曾经说过："一心只考虑自我的人，是不可救药的，也是不可理喻的，不管他有多高的学历。"

如果你渴望成为人们心目中优秀的谈话对象，首先要学会倾听；做一个有趣的人，并对他人感兴趣。

如果想要展开一场愉快的谈话，可以从别人喜欢的话题开始，引导鼓励对方说出自己的经历和成就。

谨记，不论你与谁谈话，他对自身的需求、问题的兴趣，远远高于对你的兴趣。牙疼对一个人来说远比在异国他乡因饥荒夺取百万人的性命重要得多；而脖子上的一个疖子较之非洲的四十余次大地震更让他揪心。所以下次谈话，您千万不要忽视这一点。

◎原则4：做个好听众，鼓励他人谈论自己。

5. 如何让对方感兴趣

但凡与西奥多·罗斯福交往过的人都会惊叹于他广博的学识。无论是牛仔、驯马师、纽约政客，抑或是外交官员，罗斯福都应对自如。他是如何做到的呢？答案很简单。每次有客人来访的前夜，罗斯福都会挑灯夜读，钻研对方感兴趣的话题。

谈论对方最在乎的事情，是直抵对方内心深处的捷径。罗斯福明白这一点。所有领导人都明白这一点。

耶鲁大学的文学教授、散文作家威廉·里昂·菲尔普斯在幼年时候就懂得了这一道理。他在《谈人性》一文中写道：

> 8岁那年的一个周末，家人把我送到琳赛姨妈家，她的家在胡沙托尼克河畔的斯特拉特福德。一天晚上，有位中年男人来家里做客。一阵礼节性的寒暄之后，他

就把注意力转移到我身上。那时我对船非常痴迷,这人便和我聊了起来,似乎他和我是同道中人。他离开之后,我兴奋地对姨妈说,我们太投缘了。姑妈告诉我,其实那位先生是纽约的律师,对船舶压根儿没有兴趣。

"可他为啥一直在谈论船舶呢?"

"那是因为他是位绅士。他见你喜欢,他便和你谈及船舶,知道聊这个话题能够让你开心,所以一直在迁就你。"

威廉·里昂·菲尔普斯总结道:"我从未忘记姨妈的话。"

在我写这一章的时候,我面前正好有一封爱德华·查利孚先生的来信。查利孚先生从事童子军相关的工作,他在信中说:

欧洲就要举行童子军夏令营活动了,我需要得到别人的赞助,我想请求美国某个大集团的总裁赞助经费,帮助一位童子军完成欧洲旅行。非常走运,在拜访这位主席之前,我听说这家集团的总裁曾经开过一张100万美金支票的故事。这张支票作废之后,他把它镶在一个镜框里,以示纪念。

所以,当我迈进他的办公室时,他第一件事就是向我展示这张支票。我立刻表现得十分惊奇,告诉他我这辈子从没有见过有如此大金额的支票。我对他说,我回去以后一定要把这张支票的事情告诉童子军。欣赏的同时又迫不及待地请他把支票背后的故事讲给我听。

你大概已经注意到了，查利孚先生一开始并没有开始谈论童子军、欧洲之行，或者他的任何需求？他谈论的始终是这位总裁感兴趣的事情。结果是怎样呢？

"过了一会儿，对方主动问我：'顺便问一下，你来见我是为了什么事？'于是我就把需要赞助的事告诉了他。

出乎我意料的是，他不仅马上答应了我的请求，还主动提供了更多帮助。我只要求他资助一个孩子去欧洲，他竟资助了五个孩子，外加我本人。他给了我们一张一千美元的信用证，让我们在欧洲好好玩两个月，还写介绍信给各地分公司的总裁，请他们为我们的欧洲之旅提供协助。后来他亲自飞到巴黎与我们见面，带我们四处观光游览。从那时起，他就一直积极参与我们的集体活动，还给几个家庭穷困的孩子提供了工作机会。

我知道，如果事先我没有了解到这位总裁的兴趣所在，借此拉近距离，他不会如此平易近人。

在商界，这一技巧同样有用吗？让我们一起看看亨利·杜维诺伊的例子。

这种技巧应用在商业活动中的例子比比皆是。拿纽约面包烘焙批发商——亨利·杜维诺伊公司为例。

杜维诺伊先生一直试图向某家纽约酒店出售面包。为了促成合作，四年来，他坚持每周去拜访经理。凡有对方出席的活动他也必定到场，甚至还成了那家酒店的房客。然而他的锲而不舍并未打动对方。杜维诺伊先生说：

我对人际关系钻研了一番。之后，我决心改变策略。我决心找出对方的关注点，激发他的热情。

我发现他是美国酒店协会的会员，该组织是专为酒店高管人员而设的社团。他对这个协会非常感兴趣，每次开会都必定到场，从不缺席。凭着热情和良好的口才，后来他荣升为这个协会的主席。

发现秘密的第二天，一见到他，我就和他说起酒店协会的事。很明显，他的反应非常积极，慷慨激昂、抑扬顿挫地和我足足说了半个小时。我完全能看出，他不仅把这个协会当作兴趣，甚至把毕生心血都倾注其中。离别时，他奉劝我也加入这个协会。

那天我只字未提面包的事情。可是，几天之后，酒店主管给我来电话了，要我把面包样品和价目单送过去。

"我不知道你跟那位老兄说了些什么？"酒店主管也为我高兴，"不过，这回他确实是买你的账了。"

回想4年的努力，我一直想把面包推销给他都没有成功。如果我没有挖掘出他的兴趣所在，没弄明白他乐意谈论的话题是什么，或许我至今还未取得成功。

学员爱德华·E.哈里曼来自马里兰的黑格斯敦。退伍之后，他选择在马里兰州美丽的坎伯兰山谷定居。然而，当地的工作机会甚少。一次小小的调查让哈里曼先生发现，这一区的数家企业都在当地一位性格乖僻的商界奇才冯克豪瑟名下，哈里曼对冯克豪瑟白手起家的故事颇为好奇。但是他听说对方从不接见求职者。哈里曼先生在信中告诉我：

> 我向好几个人打听过，得知冯克豪瑟只对钱和权感兴趣。他的秘书作风强硬又恪尽职守，往往将类似像我这等杂人拒之门外。于是我又花时间了解了这位秘书的兴趣和职责。她已经为冯克豪瑟先生工作了十五年，可以说，她是环绕他人生轨迹的一颗卫星。我登门拜访的时候，开门见山地对这位秘书说，我能够为冯克豪瑟先生在财富和政治方面取得双赢，想和他当面探讨。秘书果然很感兴趣。于是我乘胜追击，赞扬了这位秘书对冯克豪瑟商业帝国的种种贡献。我还告诉她，在她老板迈向成功的过程中，她应该参与其中。就这样，秘书安排我与冯克豪瑟先生见面了。
>
> 我走进那间气派的办公室，但只字不提谋求职务一事。冯克豪瑟先生坐在一个造价不菲的蚀刻雕花书桌后

面,如同响雷般地厉声问我:"有何贵干,年轻人?"我答道:"冯克豪瑟先生,我相信我能给您带来赚钱的机会。"一听此言,他立即起身,请引我坐到一把装有套垫的大背椅上。我详述了我的种种想法和我自身的资质,并着重强调了我的提议能够在生意上助他一臂之力。

渐渐地,他对我有了深入的认识。不久,我便在他那儿成功谋得一职。此后的二十年,我在他的商业帝国中成长,他的帝国也因我而日益壮大。

谈论对方感兴趣的事情,能够带来双赢。霍华德·赫茨作为雇员沟通方面的佼佼者,他始终将这一原则贯彻在工作中。被问到有何收获的时候,赫茨先生回答说,找出让人感兴趣的话题,既能让双方从中获益,又能让生活变得充实。

◎原则5:谈论对方感兴趣的事情。

6. 如何立即让人们喜欢你

在纽约三十三大街与第八大道交汇处有一个邮局，一次我在这里寄挂号信。我注意到，柜台后面的职员一脸不耐烦的样子。每天称重、找零、递邮票、签收据——这些日复一日的琐碎工作似乎早已磨平了他的热情。见此情景，我暗暗告诉自己："不妨试着让他喜欢我。要想让他喜欢我，我必须令他高兴的话——不是说我爱听的，而是说他爱听的。"我又问自己："他什么地方值得称许呢？"这相当有难度，尤其是面对一个陌生人。说来也巧，我很快就看到了他令我欣赏的一点。

在他忙着为我的信件过秤时，我热情洋溢地说："我可真想有一头像你那样的头发。"我的话语间洋溢着热情。

他抬起头有些惊讶，但很快就露出喜悦的笑容。他谦虚地答道："咳，还是没有以前的好。"我一再强调："虽然可能没有以前有光泽，但还是很亮眼啊。"他一下子高兴了起来，愉快地和我聊了好一阵子，临走时，他对我说："很多人都羡慕我的头发呢。"

我敢打赌，那天这位职员直到午饭的时候，心里都会美滋滋的；我敢打赌，那天晚上回到家他一定会把这件事告诉妻子；我相信他照镜子的时候会说："这是一头漂亮的头发。"

我曾经在一次演讲中提到过这件事。当时一个人不解地问："你从他那里想要得到什么呢？"

我想要从他那儿得到什么？我想要从他那儿得到什么？

如果每个人都如此自私阴暗，一句真诚的称赞都要索求回报，谈何人生乐趣？如果我们的灵魂渺小如尘沙，等待的只有失败的人生。

要说真的有什么企图，我想或许我得到的是金钱无法衡量的东西。我赞美他，我得到了付出而不求回报的美好感受，这是无价之宝，在我记忆中留下了一段美妙的人生片段。

人际交往中有一条黄金法则。如果我们遵守这一法则，你将诸事一帆风顺，收获友谊和欢乐；违背这一原则，困难就会接踵而至。这条法则就是：让他人感到自己受到重视。约翰·杜威说过，人性中最深层的动力是"对重视的渴求"；威廉·詹姆斯也说过，人性的根源深处，强烈渴求着他人的欣赏。我也总结过："自我价值的实现，是人与动物的最大区别。正是这种区别推进了人类的文明和进步。"

几千年来，哲学家一直在思考人际关系的法则，并且在所有这些猜测中，有一条法则是至为关键的。这一准则并不新奇。

你想要得到他人的认同，想要证明自身的价值，想要确认自己存在的意义。你想要得到真挚的欣赏、赞同和尊重，讨厌廉价的奉承，正如查尔斯·施瓦布所言，你渴望得到朋友们及同事们"真心的认可和慷慨的赞美"。我们所有人都渴望这样。

那么不妨遵从这个法则，若想他人怎样对待你，你就得那样对待他。

怎样做？何时这样做？何地这样做？答案是：随时，随地，永远。

威斯康星州优卡莱尔市，一个慈善演唱会冷饮站的管理员戴维·史密斯，利用这个法则，巧妙化解了一场尴尬。

那天晚上，我的任务是负责看管小食摊。当我来到公园的时候，发现两位老妇人正分别守在饮品台的左右，看上去两个人的情绪都不怎么好。显然，两位女士都认为自己才是守这个食摊的人。我站在那正思索着该怎么办才好，这时，演唱会组织方出现了，交给我一个募捐箱，并感谢我的到来。她把这两位女士介绍给我：一个叫萝丝，一个叫简，并要她俩当我的帮手，然后就丢下我离开了。

一阵尴尬的沉默之后，我意识到募捐箱似乎是一种权力的象征，于是把募捐箱交给萝丝，告诉她我不可以直接看管钱，最好是由她来负责；之后我又请简去负责教两个十几岁的孩子如何操作饮料机，并请她负责饮品台。

那天晚上,我们都过得挺愉快的,萝丝在不停地数钱,简则指导孩子们干活,而我呢,则在专心欣赏音乐会。

你不用非等到成为法国大使或是业主委员会主席时才使用赞美这一法则。每一天,你都能用它创造奇迹。

假如你在餐厅点了炸薯条,服务生送过来的却是土豆泥,请告诉她:"抱歉,还得麻烦你一下,我们要的是炸薯条。"她大概会愉快地边说"不麻烦"边高高兴兴地将食物换过来,因为她感受到了你对她的尊重。

一句短短的"对不起,麻烦你了!""你可以……吗?""你乐意吗?""你介意吗?""谢谢你!"……诸如此类的礼貌用语如同乏味生活的润滑剂,也是教养的体现。

成千上万的人读过霍尔·凯恩的小说,其力作《基督信徒》是20世纪初期最为畅销的小说之一。然而,他只上过八年学,却成了那个时代最富有的作家。

凯恩小时候热衷于十四行诗和叙事诗,读过所有丹特·加布里埃尔·罗塞蒂的诗篇。为此他还写过一篇演讲稿,歌颂罗塞蒂在诗歌上所取得的傲人成就,并写信给罗塞蒂本人,盛赞其艺术造诣。罗塞蒂读到这封信后非常高兴,心里或许说:"对我的才华有如此深刻理解的这位年轻人,一定很了不起。"于是罗塞蒂邀请凯恩到他伦敦的家中担任秘书。这成为凯恩重要的人生转折点。这个新职位让他接触到很多当代的著名作家。从这些人身上，他学到了很多宝贵知识，受到指引、鼓舞和启发，从而走上写作道路，最终，他的名字载入耀眼的明星史册。

由于霍尔·凯恩的成就，他的故乡，位于英国属地曼岛的格利巴古堡成为世界各地游客的圣地，而他的故居亦升值至好几百万美元。可当初有谁会想象得到他有如此辉煌的人生呢？如果当初他没有写下那封赞美信，或许他会在穷困潦倒中度过余生。

这就是发自内心诚挚赞美他人所迸发的力量，是一种伟大的力量。

罗塞蒂认为自己很重要。这并不奇怪，几乎每个人都认为自己很重要，不可忽视。

如果得到他人的重视，很多人的生活都会因此改变。罗纳德·罗兰是加利福尼亚州分部的律师兼美工课老师。他向我们讲述了他的学生克里斯在其接触工艺学课程时的经历：

>克里斯是一个非常安静、害羞的男孩。像他这样的孩子总是得不到应有的关注，因而缺乏自信。我同时教初级班和高级班，每个孩子都以升入高级班为荣。在他们心目中，进阶班如同某种地位的象征。
>
>一个周三，克里斯在埋头做作业。我发觉他似乎有什么事情要急于表达，于是上前问他，是否愿意进入高级班？我只不过想让他表达一下想法，可是这位14岁的男孩太害羞了。听完，他竟然强忍住自己的泪水，脸涨

得通红。然后热泪盈眶，奔出教室。

当我再次见到克里斯，发觉他似乎长高了两英寸。

克里斯让我领悟到一个道理：每个人在内心深处都渴望被重视。为了让自己牢记这一课，我做了一个写着"你很重要"的条幅，把它挂在教室的正面墙上。每当看到这句话，我都暗暗提醒自己，面前的每个学生都同等重要。它也提醒我要把重心均衡地倾注在每一个学生身上。

毫无疑问，每个人，都认为他在某一方面比你强，只要你巧妙地称赞了对方的优点，你也很快会收获友谊。

记住爱默生所说的话："每个人都必定在某一方面胜于我，因此我要向所有人学习。"

然而可悲的是，人总是对自己鲜有正确的判断，总是自视过高，用一些令人生厌的浮华之词来掩饰内心的恐慌，这种表演真是令人作呕。正如莎士比亚所言：人呀，骄傲的人呀/就那么一丁点才能……在神明面前上演拙劣把戏/连天使都为之痛哭流涕。"

让我们再来看看商界人士如何利用这一原则来取得显著成就。一位康涅狄格州的律师在课上分享了他的经历：

在加入课程后不久，这位律师带着他的妻子去了长岛拜访亲戚。恰巧妻子又要去其他亲戚家，就留下这位律师陪着年迈的姑妈聊天。律师想起课程要求，打算运用赞美的原则进行谈话，暗想不妨利用这个机会实践一下。因此他环顾四周，试图寻找着值得赞美的地方。

"这座房子建于1890年左右吧？"他问道。

"是的，"她回答说，"这正是它建成的那一年。"

"这让我想起了我出生的那所房子，"他说，"它很漂亮，建造得很好，又牢固又大气。您知道，现在已经没人再盖这样的房子了。"

"你是对的，"老太太应和着，"现在的年轻人并不关心他们的家漂亮不漂亮。他们想要的只是一间小公寓，他们就爱整天开着车在街上到处闲逛。"

"这座房子对我来说，就是梦想中的家。"她用一种充满温柔回忆的声音说道。"这座房子是爱的结晶。丈夫和我在它建造之前已经构思了好多年。我们没有请建筑师。所有的一切规划都出自我们俩之手。"

老人家领着律师逐一参观各个房间和角落，里面摆着老人珍爱了一辈子的旅游时收集的各种纪念品：华丽的披肩、古老的英国茶具、驰名全世界的英国威格伍德瓷器、法国大床和座椅、意大利油画，以及一件法国城堡流行的丝绸窗帘。

随后，老人家把他带到屋子外面的车库。那里停放着一辆崭新的闪闪发亮的凯迪拉克。

"我丈夫在他去世前不久为我买了那辆车，"她轻声说道，"自从他去世以来，我从来没有碰过它……你懂得欣赏美好的事物，我想把这辆车送给你。"

"哎呀，姑妈，您太抬举我了。我对您的一番盛情表示由衷感激，但我不能接受这么贵重的礼物。我自己有一辆车了，您还有那么多亲人，他们一定会喜欢这辆凯迪拉克的，不如留给他们吧。"

"亲人！"老人家一声大嚷，"是的，我是有好多亲人，他们都在等着看我死，那样他们就可以得到那辆车。但是没门！"

"如果你不想给他们，你可以很容易把它卖给二手经销商。"他告诉她。

"卖掉！"老太太尖叫道，"你觉得我会把这辆车卖掉吗？你觉得我能忍受看到陌生人坐在我丈夫为我买的那辆车里到处兜风，我不会卖掉的。我只想把它送给你。因为你是有鉴赏力的人。"

这位律师试图摆脱接受这辆车，但是最终还是不得不收下，因为拒绝会让老人伤心。

老太太孤零零地住在这座空空的豪宅里，陪伴她的有华丽的波斯披肩、法国的古董以及美好的回忆。她曾经年轻过，美丽过，不乏追求者。房子是她爱情的记忆，是她欧洲游历纪念品的收藏之所。如今她垂垂老矣，与孤独相伴，她只是渴求一点点关怀和温暖，些许真诚的赞美，只是很少有人能给予她。律师的一番赞美，让她的内心充满了久违的温馨和无尽感激。律师的赞赏如同沙漠中的甘泉，她无以为报，只有用她最珍爱的那辆车来表达她的感激。

唐纳德·麦克马洪是路易斯与瓦伦斯公司的总经理，也是纽约著名的园艺专家，他讲述了这样一件事：

就在参加"如何赢得朋友和影响他人"的讲座后不久，当时，一位知名法官邀请我为他的庄园做园林设计。他亲自接待了我，告诉我想在屋子的一角大量种植杜鹃。

我对他说："法官大人，您的爱好真让人羡慕啊。我可真是喜欢你那些漂亮的狗。我听说您的小狗每年都在麦迪逊广场花园的比赛中赢回好多奖项。"

寥寥几句赞美之词，所引发的效果十分惊人。

"是的，"法官回答说，"我的狗给我带来了很多乐趣。想不想来看看它们住的地方？"

他花了将近一个小时的时间给我看他的狗以及它们赢得的奖品。他甚至拿出狗狗的家谱，给我讲血统对狗狗的影响。

最后，他转过头来问我："你有小孩吗？"

"有啊，"我回答说，"我有一个儿子。"

"嗯，他喜欢小狗吗？"法官询问道。

"当然，他喜欢粉嫩粉嫩的小狗崽儿。"

"好吧，那我送他一只。"法官说。

他开始告诉我如何喂养小狗。讲着讲着他停下来说:"我还是给你记下来吧。光口头说,你也记不住那么多。他进屋给我打印好一张狗的谱系和喂养方法,之后把那只价值七百美元的小狗幼仔抱给我。他在繁忙工作中抽了1小时15分钟的宝贵时间和我聊天,而这都是因为我对他的那些真诚欣赏和赞美之辞。"

柯达公司创始人乔治·伊斯曼发明了透明胶卷,让电影影像成为现实,并因此累积了万贯家财,成为享誉全球的商界领袖。尽管他如此成功,也和你我这般常人一样渴望认同。以下事实足以说明这一点。

伊斯曼准备在罗切斯特出资兴建音乐学院和基尔伯恩大剧院。一家纽约高档座椅公司的经理詹姆斯·阿达姆松得知后,想借此机会成为这些建筑的座椅供应商。于是他打电话给负责这一项目的建筑师,说想要去罗切斯特拜访伊斯曼。

见过亚当森,建筑师告诫他:"我知道你想得到这个订单,不过,我这会儿就可以告诉你,若占用乔治·伊士曼的时间超过五分钟,你的订单就见鬼去吧。他处事严格,纪律严明。他很忙,所以你有话快说,说完就走人。

阿达姆松做好了充足的心理准备。当他们进入办公室的时候,伊斯曼正在埋头看文件。过了一会儿,伊斯曼抬起头,摘下眼镜,上前问道:"你们好。请问两位有何贵干？"

经由建筑师介绍之后，阿达姆松开口说道："伊斯曼先生，我们在外边等您的时候，我一直在欣赏您的办公室。真希望自己也有一间像你这样的办公室。虽然我是做木工装修这一行的，但您的办公室是我这辈子见过的最漂亮的办公室。"

乔治·伊斯曼答道："你要是不提醒，我几乎忘记欣赏这里的美景了。这间办公室的确挺漂亮的，刚装修好时，我感觉这儿好棒，可后来实在太繁忙了，有时候好几个星期我都不过来看上一眼。"

亚当森走过去，用手摩挲着一块桌板。"这是英国的橡木吧？与意大利橡木的质地略有不同。"

"是的，"伊斯曼回答道，"进口的英国橡木桶。是一位对木材颇有研究的朋友帮我选的。"

接着，伊斯曼饶有兴趣地带着阿达姆松参观了他的办公室，品评着房间结构、色彩、手工雕刻，以及他参与设计的其他细节。

他们边走边谈，欣赏各种装饰，最后走到窗前，伊斯曼停了下来，用谦逊温和的语调谈到将要捐助的一些人文机构，包括罗切斯特大学、公共医院、疗养院、慈善养老院、儿童医院。阿达姆松顺势对他造福公众的高尚行为大加赞赏。伊斯曼又打开一个玻璃柜，取出他人生中的第一架相机，这件相机是他从一个英国人那里买

来珍藏的。

阿达姆松顺势问起伊斯曼坎坷创业的经历。伊斯曼深情地忆起了他那困苦的童年：父亲辞世后，他在保险公司当小职员，母亲靠着出租房舍艰难度日，两人相依为命。对贫穷的恐惧就像幽魂似的日夜缠绕着他，为了挣到足够的钱，让母亲不必操劳，他拼命工作。

阿达姆松饶有兴趣地追问照相干版的实验时，伊斯曼描述了自己当时的拼命过程：一整天都泡在工作室里，有时通宵做实验，只能趁化学测试进行的间隙打个盹；有一次，不眠不休地连续工作三天三夜，困了就在办公室里和衣而睡。

阿达姆松进入伊斯曼办公室时是10点15分，其时他被警告会谈不得超过5分钟。然而一个小时过去了，两个小时过去了，他们还在热烈交谈。

谈话进入尾声，伊斯曼告诉阿达姆松："上次我去日本的时候，买了几把椅子带回了美国，放在我家的阳台上。但是椅子上的漆因为日晒脱落了不少，所以有天我到城里去买了些颜料，自己把漆补上了。想不想看看我的手艺？到我家一起吃午饭吧，我给你看这几把椅子。"

午饭后，伊斯曼先生把那几把日本椅子指给阿达姆松看。其实，那些椅子不值几块钱，但是对于亿万富翁伊斯曼来说，能亲自做这些手工活，还是相当值得骄傲的。

新建筑的座椅订单价值九万美元。你觉得谁会拿到订单呢？是阿达姆松，还是他的对手们？答案不言而喻。事实上，伊斯曼和阿达姆松成了一生的挚友。

法国鲁昂的餐馆老板克劳德·玛莱运用"赞赏"这一原则，为他的餐馆成功挽留了一名核心员工。这名妇女已经在他的餐馆工作了五年，是介乎玛莱先生与其他二十名员工之间的关键纽带。当收到该名员工辞职信时，马雷先生相当震惊。他告诉我：

> 我感到非常惊讶，甚至很失望，因为我一直认为自己对她很公平，能够满足她的需求。或许，对我而言，她不仅是雇员，更是朋友，因此较其他员工对她的要求也高一些。
>
> 我无法接受这样不明不白的辞职信，就把她拉到一边，说："宝莱特，请你理解，我是不会批准你辞职的。无论对我个人，还是对于这家公司，你都非常重要。没有你，餐厅绝不会有今日的成功。"我在全体员工面前再次重申了这番话，之后还邀请她到我家做客，在家人面前强调我对她的信赖。
>
> 宝莱特收回了她的辞职信，回到餐馆。我像过去一样器重她，经常当着大家的面赞美她，让她知道她在我心目中、在公司运营中的重要地位。

政治家迪斯雷利曾经统领大英帝国，且精于人情世故。他曾说过:"和对方谈论他们自己,他们会不厌其烦地听上好几个小时。"

◎原则6:真心实意地让对方知道自己有多重要。

※ 让人们喜欢你的六种方法。

- 原则1:真诚地关心他人。
- 原则2:微笑。
- 原则3:请记住,姓名是一个人最重要的声音符号,牢记他人的姓名。
- 原则4:做个好听众,鼓励他人谈论自己。
- 原则5:谈论对方感兴趣的事情。
- 原则6:真心实意地让对方知道自己有多重要。

・第三部分・
获得赞同的12个方法

人性的弱点

1. 争论没有赢家

"一战"结束不久,我开始担任罗斯·史密斯爵士的经纪人。他功勋显赫,战争结束后曾30天飞行了半个世界,这一成就轰动全球。在此之前,从未有人完成过如此伟大的飞行旅程。澳大利亚政府为此奖励他5万美元,而英国政府也授予他爵士勋章。一时间,他成为英国最红的公众人物。有一天晚上,我出席了一场专为罗斯爵士举办的宴会。晚餐时,坐在我旁边的一位男士给我讲了一个幽默故事,末了还引用了这样一句名言:上帝决定我们未来的结局。

这位先生说这句话源自《圣经》,显然没有任何根据。为了显摆我的才识,取得优越感,我自命不凡地指出他的错误。但他非常确定地说:"你说这句话出自莎士比亚的名著,怎么可能!荒谬至极!绝对出自《圣经》。"

为了不伤他的面子,我没有正面纠正他。正好,我另一边坐了一位老朋友弗兰克·加蒙德，他曾致力于研究莎士比亚及其著作，因此我要求他就这个问题做个裁判。

加蒙德先生一边听着，一边在桌子底下用脚踢我，说道："戴尔，你错了。这位先生是对的。这句话引自《圣经》。"

晚上回家路上，我不满地问加蒙德先生："弗兰克，你确定那句话是莎士比亚说的呀。"

加蒙德平静地说："确定，这句话的确出自《哈姆雷特》第五幕第二场。戴尔，我们只不过是参加宴会的客人，没有必要非得指出、证实别人的错误。你纠正了那个先生，他难道会高兴吗？不如给他留够面子，人家又没有问你的意见——他根本不需要你的意见，你也没有必要争辩，我们应该永远避免做这些没有意义的事。"加蒙德先生的一席话让我豁然开朗，愧赧至极。当时，我不仅让讲幽默故事的邻座难堪，而且也让我的朋友处境尴尬。如果我没那么好强，当时的气氛该有多么融洽！

这个教训让我醍醐灌顶。我一向喜欢与人争论，而且相当固执。年轻时，我和我哥哥经常争辩得面红耳赤，几乎把全世界所有的事情都争辩过。大学期间，我选修了逻辑学和辩论学，参加过各种辩论赛。大学毕业后不久，我在纽约教授辩论学，甚至还异想天开地想写一本有关辩论的书——现在我很羞于承认这一点。从那时起，我参加、旁听过的辩论赛多达上千场。我仔细观察并反思过这些辩论，最后得出一个结论：普天之下，赢得争论的方法只有一个，那就是避免争论。请把争论视同响尾蛇，或是地震——人人避之唯恐不及。

自那次宴席辩论之后，我参加、旁听过的辩论会多达几千场，我仔细观察并反思过这些辩论，最后得出一个结论：普天之下，赢得争论的方法只有一个，那就是避免争论。就像是躲避响尾蛇和地震那样避开它。

在大多数情况下，争论非但不会令双方和解，反而会火上浇油，令双方更加笃信自己的观点。争辩结果无非是您赢了，他输了。即使赢了，结果还是输。为什么这么说？想一想，假如您赢了辩论，将对方驳得体无完肤，证明别人是错的。可那又能怎样？您自我感觉或许很好，但是你伤了对方的自尊，他觉得受到了羞辱，自然他会不可避免地憎恨你。更重要的是，即便对方口头承认失败，但内心是不会认输的。

几年前，有个叫帕特里克·奥海尔的年轻人参加了我的课程。他没上过几天学，吵架斗殴是他的家常便饭。他当过司机，又做过卡车销售，但并不顺利，后来他找我寻求帮助，为其指点迷津。简单询问过后，我了解到他经常和客户吵架。如果客户对卡车的质量有任何质疑，帕特里克就会暴跳如雷，恨不得上前拗断对方的脖子，搞得客户无地自容。正如他对我描述的："那会儿，我往往一边走出对方办公室，一边说'我要教训教训这个家伙'。当然，我教训了他，但也什么都没卖出去啊。"

我想，我的首要任务不是教奥海尔先生如何跟人交谈，而是教他控制自己的情绪，避免争执。

培训之后，奥海尔先生已经成为纽约怀特卡车公司的一位明星销售。他成功的秘诀何在？以下是他的叙述：

现在，如果我走进客户办公室听到这样的话："什么呀？怀特公司的重卡？这牌子不好，就算白送给我，我都不会要。我要买某某牌子的卡车。"那么我会这样回答："那个牌子的卡车口碑确实不错。质量也很好，而且售后服务也很周到。"

这样，对方就无言以对了，因为我没有留下让他辩驳的空间。他认为那家卡车好，我就表示同意。而他不可能不停地说某某汽车的好。等他停下来，我就乘机给他介绍怀特汽车的优点。

以前碰到类似横挑鼻子、竖挑眼的主儿，我可能就会大发雷霆，竭力争辩怀特卡车比他说的牌子好，而客户会更加维护自己的观点，从而也就导致他更加喜欢那款和我竞争的卡车。

现在回想起来，终于明白了自己当时为啥没有卖出任何一辆卡车，我把那么多宝贵的时间都浪费在和别人吵架、辩驳上了。现在，我能够保持冷静，不再争辩。这样反而管用多了。

正如睿智的本杰明·富兰克林所言：争辩、抱怨和反驳或许会带来暂时的胜利，但你永远无法通过这表面上的胜利赢得对方的尊敬。

所以，你要搞清楚：你更愿意得到形式上的胜利，还是要赢得对方的好感与尊重？孰重孰轻？

鱼和熊掌不可兼得。《波士顿书摘》上曾刊出这样一首意味深长的打油诗：

> 威廉·杰伊的身体长眠于此
> 至死维护他的真理
> 每次争辩都是他赢
> 每次真理都站在他这一边
> 但是输赢又有什么意义呢
> 他的生命转瞬即逝
> 如今他再也听不见

或许，你是对的，百分百正确，因为你可以滔滔不绝地辩驳，但是那又有什么意义呢。无论输赢，你都无法改变他人的想法。

弗雷德里克·帕森斯是个人所得税税务顾问，又有一次，为了一笔九千美元的款项，他和政府的税收稽查员争执了整整一个小时。帕森斯先生坚称这笔钱是死账，从来都没有收回，所以也就不需要缴税。"死账？简直胡扯！"稽查员毫不相让，"必须上税！"

帕森斯在培训班上回忆：

> 这位稽查员非常冷酷、高傲，而且冥顽不灵，讲道理、摆事实都不起作用。越跟他吵，他就越来劲。最

后，我决定不争了，改变谈话内容，转而对他说了一些恭维的话。

我对他说："你们业务繁多，你工作中一定遇到过很多更重要也更棘手的问题，所以，与其他税收相比，这件事在你眼里肯定是区区小事。我以前自学过税务，但仅限于书本知识。而您的经验却是一线实战得来的，我很羡慕。我要是能够拥有一份像你这样的工作该有多棒，一定能从中学到很多东西。"我讲得很认真。

稽查员听我这么说，在转椅上伸了一个懒腰，开始饶有兴趣地讲起他的工作来了，他告诉我他如何识破逼真的假账，语调也变得友善起来，还和我说起了孩子等生活的杂事。临走前，他告诉我他会深入调查我的那个税收个案，并许诺会在几天之内给我答复。

三天后，他专程来到我的办公室，告诉我他已经决定撤销那笔税收了。

这位稽查员的表现说明了我们人类一个共同的弱点：他渴望得到他人的重视。帕森斯据理力争，恰恰是挑战了他的权威。一旦帕森斯肯定了他的权威，争吵便戛然而止。稽查员找到了存在感，因此反而变得通情达理起来。

有一次，林肯的同事与一位年轻的军官发生了争执。林肯处理了此事，林肯说："成大事者，绝不会把时间浪费在无益的争执上，因为意气用事毫无意义。你们自认为有理，那么都应互相谦让一步。让出一步，能让你展示你的高风亮节。与狗争道时最好给它让路，免得被它咬；即使杀死了狗，也不能愈它咬你的那块伤疤。"

《点点滴滴》杂志曾经刊登过一篇文章，教给人们在意见分歧时防止争执的方法：

接受不同的声音。请记住这句话："只要双方意见一致，对立的任何一方都没有了存在的必要。"如果对方提出了你从未想到的观点，请心存感激。或许，它给了你在犯下严重错误之前修正的机会。

不要相信你的第一直觉。别人提出反对也很正常，这是人类出于防卫的本能。但要注意：一定要保持冷静，不要被第一反应左右，这样会导致重大错误，错过明智的判断。

控制情绪。一个人脾气的大小，决定了这个人的气量和将来可能取得的成就。

学会聆听。给对方说话的机会，听他们把话说完。反驳和争辩只会徒增隔阂，应积极努力沟通，而不是反过来争执。

求同存异。听到对方的看法之后，应该想想哪些对你有用，哪些你可以同意。

以诚待人。应该认错的时候认错，在能够让步的时候让步，这样有利于彼此间的理解和沟通。

重视不同意见，并认真思考。反对意见可能是明智之举。借这个机会深思熟虑，总好过事后被对方指责"我们告诉过你，可你就是不听"。

感谢反对意见。提出反对意见，就说明别人和你一样，对同一件事感兴趣。将他们视为真心愿意帮助你的人，也许就能化敌为友。

谨言慎行。主动建议推迟讨论时间，将所有细节都考虑清楚。再次交涉之前，请坦诚地问问自己这些关键问题："对方的观点有没有可能是正确的，或是部分正确？对方的立场是否站得住脚？我的反应是就事论事，还是夹杂有个人情绪？我的建议能够解决问题，还是只会引发不快？我的决策是否能让人们更尊重我？我会赢，还是会输？如果我赢了，我会付出什么代价？我如果保持沉默，纷争是否会就此平息？目前的局面对我而言，是否意味着新的机会？"

歌剧男高音扬·皮尔斯在结婚五十年后曾说过："我和我的妻子很久以前签订了协议，无论我们彼此之间多么愤怒。当一个人大喊大叫时另一个人必须倾听。因为当两个人都在大叫大嚷时，那不叫沟通，叫噪音。无论我们对彼此有多不满，都不曾违背这个约定。"

◎原则1：解决争论的最佳方案就是避开争论。

2. 如何避免树敌

西奥多·罗斯福（Theodore Roosevelt）入主白宫时，他坦承，如果他能在任期内75％的时间内做到正确，他便达到了他期望的最高标准。

如果连20世纪最杰出的人之一对自己的期望值也不过如此，那么普通人又何必太苛求呢？

如果你确认自己有55％的时间是正确的，你可以去华尔街工作，一天赚一百万美元。如果没有，我们有何资格指责他人？

指责别人不只通过语言，一个眼神、一种腔调甚至一个肢体语言都可以传达情感。当你对指出对方的错误，他会转而同意你吗？绝对不会！因为你赤裸裸地侮辱了他的智商、贬低了他的判断力、伤害了他的自尊心，所以只能招致反感。对事情本身来说，这没有任何积极意义可言。哪怕你抛出柏拉图或是康德的逻辑，仍然无济于事，因为你已经伤害了对方的情感。

永远不要一开腔便是"我要向你证明我说的是正确的"这样的话，因为这等于在说："我比你聪明，我要告诉你应该如何如何，让你改变主意。"这就等于在挑战对方，引发对方的敌意。还没等你开口，听者就想和你决斗。

哪怕双方都心平气和，改变他人的既有观点也是非常困难的。何必要把事情弄僵，自讨没趣呢？

倘若您真的想证明些什么，您不必大声宣扬，也不必非要让每个人都明白你的意图。最好运用技巧、策略，不动声色地去干。亚历山大·波普就曾一针见血地告诫我们：

教育人类，必须以潜移默化的方式；对方未知之事权当是他遗忘了而已。

而在三百多年前，伽利略也说过：

你不可能教会任何一个人；你只可以帮助他，让他自己发现知识和真理。

正如切斯特菲勒勋爵对他的儿子所说：

你可以比其他人聪明，但不要告诉他们。

苏格拉底也在雅典一再告诫其弟子：

人性的弱点

> 我唯一知道的,是我一无所知。

我的智慧远远不及苏格拉底,因此,我没有理由去指点任何人,这样想并这样做就对了。

如果有人发表了一番言论,而你认为他的观点不对,也不妨试着这样说:"这个嘛,你看,我本来不是这样想的。或许我的判断有误,我常常判断失误。以后还请您多多指教。我还有个主意,我们一起看看还有什么问题?"你这样说话不是挺好吗?

"我常常判断失误""我免不了犯错""我们一起看看到底哪里出了问题",让这些话成为习惯,会为你的人际加分!

而且说这样的话,不论走到哪里,都不会引起别人的反感。

学员哈罗德·赖因克是蒙大拿州比林斯地区的道奇汽车经销商,就在和客户的沟通中成功地运用了上述这一方式。他对我们说,由于汽车行业的竞争压力,加之客户投诉频频,他常常感到恼火、心情压抑,从而引发许多不快,好几次和人大吵起来,业绩也因此下滑。

学习人际技巧后,他在班上讲:"我意识到这样下去不行,得换一种方式了。于是我尝试对客户说:'我们在经营方面犯了不少错,为此我感到非常抱歉。或许我们在处理你的业务上也犯了错,请多指教。'

这种沟通方式让对方立刻消气,没有一丁点儿火药味,一旦客户的负面情绪被疏导了,转而谈论业务时,他便变得更加理智了。事实上，因为我以理解的态度沟通，好几位顾客都对我的通情达理表达了谢意，其中两人还介绍朋友来买车。在这竞争激烈的市场环境里，我们需要更多这样的客户。我相信只要尊重所有顾客的意见，礼貌对待他们，我们就可以在竞争中保持领先地位。

承认自己有可能犯错，你就难以陷入困境，反而会令自己远离纷争。你的开阔胸怀会感染对方，令对方力求如你一般公平合理地行事，甚至会促使他也持有和你一样的心态：或许，我也错了。

极少有人能做到理智，绝大多数人都习惯主观独断，常常因为偏见、嫉妒、猜忌、恐惧和傲慢而受到挫折。绝大多数人终其一生，都不会改变自己的信仰、发型或崇拜的影视明星。如果你习惯给别人挑毛病，请在每天早餐前读一遍下面这段话。这段话摘自詹姆斯·哈维·罗宾逊的作品《理智的形成》一书，发人深思。

有时我们会在不知不觉之间转变想法，并对此毫无抵触。可是，一旦有人指出了我们的错误，我们反倒会变得固执，并记恨对方。一些无关紧要的观点，一旦有人试图修正，我们就会极力去为它辩护。显然，这并不能说明这个观点的重要性，只是我们的自尊心受到了挫败……与人沟通时，"我"在人类心目中分量很重，运用得当，它可以是智慧之源。不管是说"我的一日三餐""我的小狗""我的房子""我的父亲""我的祖

国"，抑或是说"我的上帝"其意义是一样的。我们不喜欢听别人说自己的手表走得不准，车子寒酸了，同时还不喜欢别人指责我们对事物的看法。例如：火星的轨道、"Epictetus"的发音、水杨苷的药用价值，以及萨尔贡一世的诞辰日，等等。我们总是固守那些早已成型的认知，一旦遭受质疑，我们就会心生抵触，为了保护自己认定的事实而寻找各种理由。到头来，我们口口声声提倡的理智就成为摆设或者冠冕堂皇的借口。

卓越的心理学家卡尔·罗杰斯在他的著作《人格形成论》中写道：

我发现，只要我们试图理解别人，一切都变得有意义。或许，我说出的这一感受会令你感到奇怪：人有可能让自己去理解别人吗？我认为是可能的。听到别人说话，我们第一反应就是做判断或评价，而不是理解谈话内容。当有人表达出他自己的情感、态度或者信仰时，我们总会附和着说："对""真笨""不正常""无理取闹""不对""不好"等等。我们很少准许自己去试着理解他人的感受。

我曾经请了一位室内设计师为我家缝制一些帷幔，结果天价账单让我非常郁闷。

几天后一位朋友来我家,瞅着窗帘,问过价格之后,她用充满优越感的语调惊叫道:"什么?这也太贵了!你肯定是被坑了。"

真是这样的吗?是的,她说的是实话,可极少有人乐意接受带有"贬低意味"的大实话。所以,出于人性的弱点,我开始为自己辩护。我说一分钱一分货,价格太便宜,品质和设计肯定会打折扣。诸如此类的话我说了一大堆。

又过了一天,另一位朋友来我家小坐,对我的窗帘赞不绝口,说她也希望能找这个装潢工做窗帘。这次,我的反应与前一天的截然相反。我说:"说实话,那些窗帘确实太贵了。设计师多收了我的钱。我很后悔买这些装饰品。"

我们可以承认错误,但前提是对方要温和友善,这样我们才会坦诚以对,并为自己的广阔胸襟感到自豪;但如果对方道出了难堪的事实,并强令我们接受,我们肯定无法接受。

霍拉斯·格里利(Horace Greeley)是美国内战期间最著名的编辑,一直以来,强烈反对林肯政府制定的政策法规。他认为只有通过批评、讥讽、谩骂等手段才能让林肯同意他的观点。日复一日年复一年,甚至在林肯遇刺那晚,他还写了一封尖酸刻薄的信嘲讽林肯,但他始终没能说服林肯。

这些苛刻的言辞丝毫没有让林肯退缩,嘲讽和谩骂解决不了任何问题。

如果你想在人际关系处理、提升自我方面获得不错的建议,不妨读一读本杰明·富兰克林的自传。他的人生故事引人入胜,是

人性的弱点

美国文学史上的不朽经典。这位精明强干的政治领袖在书中道出了他从鲁莽少年成长为谦谦君子的历程。

当本杰明·富兰克林还是个行事浮躁的小伙子时，有一天，一位教会的老教友把他拉到一旁，劈头盖脸就是一顿训斥：

> 本，你简直没救了。但凡有人和你意见相左，你每次都要据理力争。你的观点令人生厌，没人听得进去，没有你，大家其乐融融。你自以为自己最聪明，没人敢和你争辩。事实上，别人只是不愿和你争罢了，因为他们深知无意义的争执只会导致双方的不爽和僵持。这样下去你永远无法进步——你现在就已经无知得可怜了。

富兰克林开始意识到事情的严重性了。他发现如果再这样下去，迎接他的将是社交败局，他到了该成熟的年龄。于是，他洗心革面，马上开始纠正自己粗鲁无礼和刚愎自用的恶习。到后来，众所周知，富兰克林成长为一个善于接受批评的人。

富兰克林在自传里写道：

> 我制定了一条规矩：不让自己和他人发生直接的冲突。甚至在措辞中也避免使用带有绝对、肯定性的字眼，如"当然""毋庸置疑"等词汇。我采用"我想""我觉得""我估计""目前在我看来……"等表述。当别人的言论在我看来是谬误时，我也不会直截了

当地反驳，而是用："从某种意义上讲，您的观点是正确的；但是在现在这种情形下，我觉得或许是……"这种谈话技巧。很快就收到令人吃惊的效果，谈话氛围一下子变得十分愉悦。用谦虚的态度与人交谈，让对方更加乐意接纳我，从而也避免了很多无意义的争执。即使犯错了，也不至于让自己太尴尬；另一方面，当我处于正确方时，对方也不会固执己见，容易接受并赞同。

起初，当我做出上述改变的时候，我不得不强行压制自己的本能。但是等习惯后，这就变成一个良好的品德。在这过去的五十年里，几乎没人再从我口中听到任何武断的言论。这个处事习惯（当然也是我言行一致的性格使然）帮了我大忙，当我提议建立新的或是废除旧的机制时，总会得到民众的大力支持。我这人不善言辞，在措辞方面显得相当犹豫不决，因而表达极少到位，更不用说滔滔不绝了，但是这并不妨碍我清晰地表达自己的观点。

本杰明·富兰克林的方法在商业领域也能够奏效吗？让我们一起来看看下面两个例子。

北卡罗来纳州帝王山市有一家纺织厂，凯瑟琳·奥尔雷德是该厂的一名工业工程监理人。在课堂上，她同我们分享了处理敏感问题的经历：

人性的弱点

我的一部分职责就是为工厂的操作人员制定一系列的奖励制度及考核标准。在厂里，操作员生产的纱线越多，赚的钱就越多。我们之前只有两三种不同型号的纺纱机，因此这套制度执行起来非常顺畅；但近期我们扩大了库存和产能，机器型号一下子增加到十二种以上。因而现有的制度渐渐不再适用，既不能公平地奖励操作员，也无法有效地激励他们的生产力。于是我制定了一套新制度，规定纺织工的酬劳以质量界定。我带着新制度去见管理层，便下定了决心要向管理层证明我的方案是可行的。但是，事实与我的想象完全相反。在会上，我指出他们的失误，告诉他们目前的标准对操作员不公平，极力为我的新制度辩护，没有顾及领导的颜面，让他们觉得自己一无是处，最终会议无果而散，我的方案自然也没有被通过。

数轮会议之后，我完全意识到了自己的交流失误。我再次召开会议，请大家指正我的新方案。我们相互磋商，畅所欲言，将各自认为最佳的方案摆出来。在适当的间隙，我趁机引导大家按我的思路进行总结，得出了和我此前相同的结论。最后他们热情地批准了我的新方案。

现在我确信，如果你直截了当地指出对方的过错，非但没有任何益处，还会引发种种恶果。你唯一的收获就是践踏了对方的自尊,并且让你自己成为任何讨论场合中不受欢迎之人。

请看另一个事例,请记住我引述的这个例子并不是个例,而是现实中的典型事例。克劳利是纽约一家木材公司的销售员。他坦陈,此前数年他一直都在和那些强硬的木料检查员较劲,挑他们的毛病,而且逢争必胜,但这却并没有给他带来任何好处。"因为这些木材检验员就和棒球裁判一样,一旦评判结束,他们是不会更改结果的。"

克劳利逐渐发现,尽管自己在纠纷中取胜,却给公司造成了损失成千上万的损失。参加课程培训后,他决定改变策略,不再和人争辩。结果如何呢?这是他在班里向同学们的讲述:

一天早上,我办公室的电话骤然响起。电话那端的那个人怒气冲冲地说我们运到他工厂的木材全部不合格,现在已停止卸货,要求我们立即安排人手把货物拉走。原来,当货卸到1/4的时候,他们的木材检验员发现55%的木材不合格,因此他们拒绝收货。

我立刻出发赶往对方工厂。在路上,我一直在想着各种对策。往常遇到这样的情况,我都会去查询有关的木料等级参数,然后凭着自己的实际经验来说服检查员,证明木材完全合格,是他自己在验货的时候没用对方法。不过,这次我要将培训课程里所学到的

原理运用起来。

当我来到工厂，发现采购人员和检验员一脸不悦，正剑拔弩张地等着跟我对质。我走到运木料货车旁，要求他们继续卸货，让我看看他们的操作过程。检验员应我的请求把不合格的货品放一堆，把通过检查的放在另外一堆。

对该检查员的运作仔细观察一番之后，我发现他们的检查太苛刻了，而且还曲解了检验标准。这一车木料是白松，而他却将之完全归入硬木类。我对白松再熟悉不过了，但我只是继续观看，并没有指出他的检测方法不对，耐心询问某块木材不合格的理由，并没有当场质疑对方的检验标准。我向他强调说我之所以这样问，是为了确保以后能够满足对方的需求，提供他们所需要的木料。

我态度谦虚、和善，让检验员挑出不满意的木材，这让他感到很高兴，情绪也随之趋于平缓，彼此之间绷紧的神经一下松懈了下来。但同时，我时不时小心并很有技巧地提醒让他意识到，他所拒收的木料有可能确实符合标准。他不经意间察觉到我的弦外之音，最后终于自觉承认，是他们缺少白松木的检验经验，并且，当工人从车上卸下木料时，他便向我请教。我向他解释木料合乎规格的理由，但同时也强调，如果木料真不适合他们的用途，我们不会强行要求他们收货。至此，就算他意欲再将木料往次品堆上放时，他都感到了内疚，也终于意识到，都是因为他们的经验不足，才犯了低级错误。

我离开之后，他重新查验了所有木材，悉数签收并给我们寄了一张全额支票。

从这件事情来看，只要在谈话中多运用交流技巧，克制住指责对方的冲动，不仅能让公司挽回巨大的经济损失，而且能给人留下良好的印象，这些是任何金钱都无法估量的。

马丁·路德·金曾经被人质疑，身为和平主义者，为什么他会对一位黑人指挥官、空军上将丹尼尔·詹姆斯肃然起敬？马丁·路德·金回答说："我判断一个人，不是根据自己的原则，而是根据大家的原则。"

同样，罗伯特·李将军曾经向南部联盟的总统杰斐逊·戴维斯极力赞扬他的一位下属。在场的另一位军官非常吃惊，说："将军，难道你不晓得你刚才赞不绝口的那个人，是你最难应付的对手之一吗，一有机会他就在你背后中伤你！"李将军回答："我知道，但总统问的是我对他的看法，不是他对我的看法。"

因此，请不要与客户、爱人或是敌人争辩。不要直言他们的错误，不要惹恼他们。请尊重他人。

原则2：尊重他人的意见。永远不要说："你错了。"

3. 如果你做错了事，马上承认它

在离我家一分钟的路程内，有一片长得茂密繁盛的森林。春天，这里百花齐放，松鼠在巢穴中喂养幼崽，青草长到齐腰高。这片森林一直保持着最原始的状态，发现这里的感觉和哥伦布发现新大陆差不多。我养了一只非常温顺的波士顿斗牛犬，它叫雷克斯，从不咬人，我时常会牵着它在森林里遛弯。森林里基本上没人走动，遛弯的时候我也很少给狗系上链子或戴上口罩。

有一天，我在森林遇到了一名警察。他看起来想要显示他的威严，以责备的语气对我说："为什么不给狗系上链子，也不戴个口罩？你不知道它这样乱跑起来咬到人是非常危险的吗？你难道不知道这种情况是不允许的吗？"

"是的，我知道，"我轻声回答道，"但我认为它在这里不会伤害谁。"

"你没想到？！你没想到？！法律告诉了你该怎么做，你的狗下次要是咬到动物或是小孩,我是不会放过你的,到时候你就等着向法官去解释吧。"

我温顺地回答:"好的。"

我确实也这么做了,很多次我都老老实实地遵守了规定。然而雷克斯不喜欢口罩,我也不喜欢它戴着口罩的样子。我抱着侥幸的心理想要试试运气。

刚开始的时候似乎还不错,可是没多久我又遇上了麻烦。一个午后,我和雷克斯在一个小山顶上遛弯儿。不巧的是,我突然看见了上次对我提出警告的那个警察,此时他正骑在一匹棕红色的马上,霍克斯正向他飞奔而去。

我想,这下不好了。还没等警察开口,我先说道:"这次又被您抓到了,我又违反了规矩。我不想再找什么借口,上个星期您已经警告了我一次,现在又出现了这样的情况,您惩罚我吧。"

此时警察却相当温和地对我说:"这个嘛,我也知道,在这里没有其他人的时候,谁都想要狗在这里自由自在地玩会儿。"

我回答道:"确实是这样啊,这种情况下很容易这么做,不过我还是违反规则了啊。"

没想到他会帮我说话:"这么小的一条狗,伤不了人。"

我说:"也许会咬伤什么小动物吧。"

警察却说道:"你说得太夸张了。现在,你只需要带着你的狗翻过那个山头,我就当作什么都没发生。"

警察也是平民老百姓,心里也渴望受到尊重。当我主动承认错误的时候，他感觉自己受到了尊重，所以最终决定放我一马。

如果我选择为我自己辩护的话，事情会怎么发展下去呢？

我没有为自己辩护是一个好的选择，这相当于我承认了他的权威，并且真诚、坦率地承认了自己的错误。我从他的角度考虑问题，他也选择从我的角度考虑问题，于是和平解决了这样一个问题。而在一周之前，这位警察才对我提出过警告，以仁慈著称的查斯特费尔德勋爵也没有这位警察大度。

如果不可避免地会受到指责，还不如自己先主动承认错误。自我批评要比别人的责难要好，难道不是吗？

当你觉得会受到批评的时候，你可以把对方可能要说的话先说出来。在这种情况下，对方极有可能会改变态度，用一种比较宽容的态度对待你。例如之前警告过我的那位骑马的警察，最终宽宏大量，对我和雷克斯没有追究责任。

商业艺术家费迪南德·沃伦用这个办法让一位暴跳如雷的客户冷静了下来，并且最终获得了对方的赏识。他向我们讲述了他的经历：

给广告或者其他出版物作画，最重要的是要直接、轻快、切题。那些绘画编辑要求在很短的时间内完成作品，虽然能勉强完成这个任务，但是不可避免地会有一些小错误。我们那位美术总监，对人的要求非常严苛。每次去他办公室，我都觉得心里堵得慌。不光是我的作品受到他的指责，更让人难以接受的是他那咄咄逼人的态度。过了几天，我又给他交了一个特别赶时间的作品。紧接着我接到他的电话，要我马上去他的办公室。我立马觉得肯定又是什么地方出了问题。果然如此，这次我遇到了一个大麻烦。看他那气势汹汹的样子，不断地责问我，眼看接下来就要狠狠地骂我一顿。我突然想到，在这里可以运用我在培训班上学到的应对人际危机的技巧。接下来，我非常真诚地对这位美术总监说："您所说的确实是这样，这件事我的确没有做好，我也不会再找什么借口。我给您画了这么多年的画，按理来说应该有所进步的，但是我却没有做到，这让我感到羞耻。"

我刚说完这段话，总监的态度马上就有所转变。他开始为我说话："你说得对！尽管如此，今天的这个事情也算不上什么了不起的大错，不过……"没等他说完，我立马说道："无论是大错还是小错，我做错了就是做错了。我承认了我做了错事，也愿意承受相应的代价。看到这样的作品，换作是我也会很生气。"

他本来打算说话，我却把他的话打断了。这是我人生中第一次主动承认错误，我并不感到羞愧或者尴尬，心里反而觉得很轻松。

我接着说道："下次我一定不会这样了。您本来给了我很多机会，我应该更加努力的，我会把今天的作品重新再画一遍。"

总监说道："倒也不是非要如此。"接下来他表扬了我作品中的一些优点，然后对我说，他只不过要对我的作品做一些小小的修改，并且这些微小的变化并不会对公司造成什么影响，没什么了不起的。

我态度诚恳地认了错，这不仅让美术总监转怒为喜，最后他还请我吃了饭，并给我安排了一份其他工作。

直面自己犯下的错误，不去辩解，而是去承认它，这不仅会减轻你自己的心理负担，还有利于解决问题。

新墨西哥州阿尔伯克基的布鲁斯·哈维给一位请过病假的员工发了全额薪水。当他发现错误后，他马上告诉了这位员工，并且告诉他会在下个月发薪水的时候扣掉多发的部分。这个员工说，这样做会给他的家庭造成经济问题，能不能分期扣除多发的这部分钱。但是这样做需要得到上司的批准，以下是哈维的叙述：

这样做老板肯定会生气的，我该怎么做才好呢？我明白这一切都是因为我的失误引起的，所以我必须要向老板承认我的错误。我走进他的办公室，告诉他我犯了一个错误，然后讲出了完整的事实。他非常生气，但他却说这是人事部的问题，我说这是我的问题；他又说这是财务部的问题，我说这是我的问题；他接着说这是办公室人员的问题，我还是坚持说这是我的问题。最后，他看着我说:"好吧,这是你的错,现在就去改正错误吧。"就这样,事情得到了妥善的处理,没有给任何人造成不便。经过这件事,我变得更加自信,对自己的认识更加的清醒,上司也变得更喜欢我了。

任何人都知道为自己辩护,越是傻瓜才为自己辩解得越凶。那些敢于认错,敢于自我批评的人,很容易得到他人的原谅,并且会给别人留下坦诚、谦虚的良好印象。

美国历史上有这样的一个经典案例:当皮克特在葛底斯堡战败的消息传来,罗伯特·李将军非常的懊悔,并将所有的错误都归咎于自己,而不是归咎于皮克特或其他下属。他以异常庄严、悲痛的心情提出郑重的辞呈,请求重新任命一个更加年轻有为的人。实际上,李将军完全可以将失败的原因归咎于其他人,他可以轻易地找出许许多多的理由,比如指挥官指挥不当,救援军队没有及时参与战斗,等等。

然而李将军却没有这么做。当皮克特带领着残余人马归来时,李将军亲自上前迎接,并且当众进行了自我批评:"这一切都是由我造成的,是我导致了这场战斗的失败。"

纵观历史,很少有敢于承认自己错误的将领。

美国作家阿尔伯特·哈伯德的作品经常包含新颖独到的观点,且语出惊人,在美国社会引起广泛的讨论。他毒辣的言辞虽然经常会引起人们强烈的不满,但哈伯德凭借巧妙的为人处世的技巧,总能化解一场场危机。

例如，有一些生气的读者会对他放狠话，对他进行人身攻击，阿尔伯特·哈伯德会这样回答：

想了几遍您所说的话之后，我也觉得我之前说的话不是很正确。我以前写下的想法并不能代表我现在的所思所想。我很高兴知道你对这个问题的看法。下次您方便的话，欢迎来我家做客，我们可以就这个问题好好交流一下。我在远方向您表达敬意。

你诚挚的

阿尔伯特·哈伯德

面对这样的回信，还能说些什么呢？

如果我们是对的，我们应该用十分委婉的方式获得对方的赞同。如果我们是错的，那就老老实实地承认错误——假如我们想要诚实地面对自己的话，并且这种情况比我们想象的要多。记住这句古老的谚语："斗争无法满足人类所有的欲望，退让却能让人收获颇多。"

◎原则3：如果你做错了事，马上承认它。

4. 一滴蜂蜜

每次你发脾气的时候，你的坏情绪确实得到了宣泄，心情也会变得好一些。可是你有没有想过对方会怎么想呢？你那样恶劣的态度真的能说服他吗？他会收获你发脾气之后的好心情吗？

伍德罗·威尔逊总统曾说过："如果你握着拳头冲过来，我的拳头会比你的更硬；如果你现在好言好语地走过来对我说：'咱们不如坐下来好好聊一下，看看这件事有哪些解决办法。'用不了多久我们就会聊得很开心。人类有很多共同点，那些所谓的差异其实没有我们想象的那么大。如果我们能有充足的耐心，好好交流，很多事情都能达成一致。"

对这个话最深有体会的人，大概是约翰·洛克菲勒了。

在1915年的时候，洛克菲勒是科罗拉多州的燃料钢铁厂的老板，同时也是这个州最让人瞧不起的人。这场美国工业史上最残酷的抗争极强地震动了美国，时间长达两年之久。他的工人用暴力的手段要求增加薪水，厂房遭到了破坏，军队前来镇压，许许多多的罢工者遭到了残酷的枪杀，整个世界变得越来越残酷血腥。

在这样一个空气中弥漫着仇恨的气氛下，洛克菲勒却赢得了罢工者的支持，平息了这场罢工。他是怎么做到的呢？

一开始，他用了几个星期的时间与工人做了深入的交流，之后在工人代表面前做了一次很有影响力的演讲。这个演讲的效果非常好，洛克菲勒不仅化解了这场严重的危机，而且还收获了很多崇拜者。他的演讲让人感到温暖和爱意，非常诚实地与大家进行交流，最后的结果是工人们都回到了自己的工作岗位，而且再也没有提起过加薪的事情。

这篇演讲一开头就让人感到温暖。他对着前几天想要把他吊死在苹果树上的工人代表们说话，不同的是，现在这群听众变得非常友善。洛克菲勒的每句话都让人感到爱意，他说：

> 我非常荣幸能来到这里，参观你们的家、看望你们的家人是我的荣幸。我们现在能相聚在一起就是一种缘分，我们不是陌生人，我们是朋友。我们有着共同的追求，是你们的宽容让我有机会站在这里，这个时刻是我一生中最值得纪念的。能够和这家公司的工人代表们身处一室，和大家一起聊聊心里话，我非常开心。就在两个星期以前，我对大家不怎么了解，大家也不怎么认识我。上个星期，我拜访了南部矿区所有工人的家。除

了那些不在家的代表，其他人我几乎都见过了。我见过了你们的家人，所以这一次再见面，我们不算是陌生人了。我们是朋友，我非常珍惜这份友情，我希望我们能在这份友情之下来探讨我们共同的追求。

这次会议是由员工代表们组成，正是因为大家的厚爱，我才有机会站在这里。今天，我既不是公司的员工，也不是公司的代表，我只是大家的朋友。从某种程度上来说，我代表了股东和董事会的意见。

这是一个化干戈为玉帛的绝佳例子。

假设洛克菲勒采取了不同的策略。比如态度强硬地要求工人们交代工厂被烧毁的事情；或者指桑骂槐地责备工人们的错误行为；或者通过逻辑推理告诉工人们所做的事情是错的，结果又会如何呢？工人们肯定会特别不满，从而引发更多的血腥对抗。

如果一个人不喜欢你，无论你怎么做也无法得到他的认同。你需要明白的是，无论你怎么责备你的父母、领导、丈夫或妻子，你改变不了他们的想法。但是，如果你换一种比较温和的态度与他们说话，你们很有可能会达成共识。

事实上，在一百多年前，林肯就提出了相同的看法：

有一句古老的谚语："一滴蜜比一加仑胆汁更能吸引和捕获苍蝇。"人类也同样适用于这句话，如果你想要获得别人的认同，首先要让别人觉得你们是好朋友，这是俘获他心灵的那一滴蜜糖，也是通往他人内心深处的捷径。

商界精英们从血的教训中总结出来的经验就是，必须友善地对待罢工者。

在这里面，怀特汽车公司的老板罗伯特·布莱克就做得非常出色，面对2500名罢工者为了增加薪水而举行的罢工，他没有恼羞成怒，没有斥责或威胁，反而对罢工者给予了一定程度的同情。他在《克利夫兰报》上对罢工者的行为表示了赞赏，称赞他们"停下工作，用和平手段举行罢工"。当他看见罢工纠察队在街上漫无目的地闲逛时，他给他们买了棒球棍和手套，好让他们在无聊时打发时间。他还专门给喜欢保龄球的人租了一块场地。

布莱克先生的这些行为很快就得到了回应。罢工的工人同样用友善来回报他，他们主动带来扫帚、铲子、垃圾车，将厂房附近的烟头、纸屑等垃圾清理干净。你们可以想象一下当时的情形，这在美国长期的劳工斗争史上是史无前例的——工人们一边要求加薪、一边却又自愿打扫厂房。只用了一个星期，这件事情就得到了妥善的解决，没有招致任何人的不满。

丹尼尔·韦伯斯长得英俊潇洒，口才也非常好，他是美国非常有名的律师。在法庭上发言的时候，他的态度非常亲和，即使在辩护最激烈的时候，他依然会用温和的语调说："请陪审团从这个角度考虑一下""这个方面我们需要好好想一下""这一方面很重要，大家不会忽略""出于对人性的了解，这一点很重要"。他从来不会用强迫的态度逼迫他人接受他的意见。他一直都态度温和，说话也都从来有理有据，这也是他闻名于世的原因。

或许你会觉得你的生活中不太可能会发生罢工这样的事情，但你总会遇到房租的问题吧。如果你想要减少房租，这种方法还会奏效吗？学员斯特劳布就是一个很好的案例，斯特劳布是一名工程师，一直以来，他的房东的脾气都不太好，他却非常希望能减一点房租。他在上课之前的演讲中讲述了这个故事：

我写了一封信给房东，告诉他我在期满之后打算搬家。实际上，我并不打算搬家。只要房租会减少一点，我会继续住下去。不过看起来减租是一件非常困难的事情，其他很多租户都有试过，但都是徒劳，每个人都说房东不好惹。我想，我为什么不试试所学的人际交往技巧呢，看看到底行不行得通。

收到我的信后，房东带着他的秘书来找我。我非常热情的在门口迎接了他们。我极力地称赞这个房子，闭口不谈房租的问题。我顺便称赞了他的管理。我说我真的很愿意再住一年，不过实在是负担不起了。

很明显，身为一个房东，他似乎是第一次遇到房客对他这么热情、友好，他看起来有些不知所措。

然后他开始向我抱怨，讲述那些对他不友好的房客：有的房客写了14封污言秽语的信件给他；有的房客要求他让楼上的人停止打鼾，不然撕毁租房合同。他感叹地说："遇到你这样善解人意的房客真是很难得，我很高兴。"之后，我还没有说出房租的事情，他就主动提出帮我减掉一部分房租。这和我理想的数目有些差异，于是我说出了我的请求，房东没有犹豫就立马答应了。

他在走出我的家门之前还转过身来问我："装修方面还有什么要求吗？"

如果我像其他房客那样做，我一定也会遇到麻烦。不过我最终用的是委婉、温和、亲切的方式，取得了一个好的结果。

迪安·伍德科克是宾夕法尼亚州一家电气公司的部门主管，他手下有两个人接到了一个任务，去维修一根电线杆上的器材。这个工作本来是另一个部门负责的，最近才移交到他的部门。虽然这两名员工之前做过相关的培训，但这却是第一次实际操作。那一天，伍德科克和其他人一起到了施工现场，四周停了许许多多的车，很多人围在旁边观看。

伍德科克打量着四周，看见不远处有人拿着相机从汽车里出来，拍摄了当时的现场照片。电力公司属于公共事业公司，平常会非常在意社会影响。伍德科克一下子意识到，这会给那个人带来怎样的印象——本来两个人应该做完的工作，却有十几个人在看热闹，这让人会觉得他的两个手下是废物，而围观的人则无所事事。

"您看起来对我们的工作很有兴趣啊。"

"是的，不过我的妈妈会对你们的工作更感兴趣。她买了你们公司的股票，看到这个场景会帮助她认清你们。她肯定会非常后悔买你们公司的股票。我不止一次地对她说过，你们这样的公司人员冗杂，办事效率低下。你们这种公司的存在，简直就是浪费社会资源。看来我的话一点没错，我想报社也会对我的照片很感兴趣。"

"看起来情况的确是这样，是吧？如果我是你的话，我肯定也会这么想。不过今天的情况有点不一样……"然后迪安·伍德科克告诉对方，这是这两个人第一次进行实际操作，所以公司的人都特别期待。他向对方承诺，这两个人一定会完成这项任务。那个人听完这番话后，乖巧地收起了相机，然后和伍德科克握手，感谢他说明了事情的原委。

伍德科克温和的态度，为公司避免了不必要的误解。

培训班上的另一位学员名叫杰拉尔德·温，是新罕布什尔的利特顿市人，他讲述了一个用友善态度解决赔偿案的故事：

> 今年春天早些时候，大地还没有解冻，一场罕见的暴雨就来袭了。没想到雨水并没有沿着排水沟的方向流走，而是流向我家新建的房子。
>
> 雨水就这样聚集在一起，对房子的地基造成了严重的不良后果，地板上都出现了裂缝。地下室里都是水，火炉和热水器也都被雨水泡坏了。最终，把这些东西都修好，花了我2000美元，可悲的是我并没有购买房屋保险。

没过几天我就发现了问题的起因，正是承建商在设计中出现的漏洞，忘记了修建排水系统，才造成了这不幸的一切。如果他们修建了排水沟的话，完全可以避免这些问题。于是我决定去见承建商，在去他家的路上，我认真回想了我所学到的人际法则。我知道发火不解决任何问题。到他家之后，我一开始保持冷静、理智，用放松、亲切的态度和对方闲聊，甚至聊到了去西印度群岛度假。聊天的气氛很和谐，到了恰当的时候，我才对他说出了我房子被淹的事情。如我所想，承建商立马答应我会帮助我尽快解决问题。

几天后，承建商亲自打电话给我，对我说愿意承担一切损失的费用，并且还会建一条排水沟，向我保证不会再发生这样的事情。

当我还是小孩的时候，每天都要赤脚走过一片森林，去密苏里州西北部的一个乡下学校上学。在那个时候，我读到过一个关于太阳和风的故事：

太阳和风争论谁更厉害，风说："我更厉害。看到那位身穿大衣的老人了吧，我跟你打赌，我一定可以让他把外套脱下来。"

于是太阳退到云的后面。风使劲地吹着，最后都要变成龙卷风了，但老人却把大衣裹得越来越紧。

风最终不得不平息下来，承认自己失败了。太阳从云后冒出来，对老人友好地露出笑容，和煦的阳光洒满大地。不多会儿，老人的身上发热了，开心地脱下了大衣。

太阳告诉风："友善要比暴力厉害得多。"

现在人们都懂得了这个道理"一滴蜜比一加仑胆汁更能吸引和捕获苍蝇"，人们逐渐用这个策略来处理人际关系。来自马里兰州的盖尔·康纳就有这方面的体会，有一次，他将买来仅四个月的新车不得不第三次送进售车行修理。他告诉班里的同学：

> 很明显，无论是投诉或指责都没什么用，无法让维修厂的经理给出一个合理的解释和解决办法。所以，我干脆走到展示厅，要求见他们的老板怀特先生。过了一会儿，我就走进了怀特先生的办公室。在做自我介绍的时候，我告诉他，我之所以选择他家的汽车是朋友推荐我说他家的价格合理，服务也不错。怀特先生听完，开心地笑了。紧接着，我向他说明了我此行的目的，并且对他说："我知道您非常在乎你们公司的声誉。"听完我的这一段话，怀特先生表示非常感激，并对我说一定会亲自处理好我所说的问题。在汽车维修期间，他还把他的车子借给我使用。

古希腊的伊索写下了不朽的寓言。其中，太阳和风的寓言故事更是流传到现在。他的寓言所揭示的道理，不仅适用于2000多年前的雅典，同样适用于当下。太阳可以更容易地让人脱下外套，友善比暴力厉害得多。

请记住林肯的话："一滴蜜比一加仑胆汁更能吸引和捕获苍蝇。"

◎原则4：友善是交流的良好开端。

5. 苏格拉底的说话技巧

与人交谈的时候,千万不要轻易地说出不同的观点,而是要去强调你们都赞同的事情,如果有可能的话,你可以着重双方的共同目标,求同存异。

从一开始,你就要努力让对方说"是,我同意!",如果有可能的话,千万不要给他机会说"不"。

奥弗斯特里特教授的观点是,"不"字是人际交往中最难逾越的障碍。要是说出了"不"字,你的自尊心就会迫使你坚持自己的说法,哪怕你意识到了这个"不"说得不够严谨,你的自尊心也会不自觉得维护你的说法。所以,谈话中最重要的是得到肯定的看法。

精明的谈话者总会一开始就获得对方"是"的态度,从而占据交谈中的主导权。这就像打台球,当你打出这个球之后,就很难再改变球的方向,想要让球回复到原来的位置则需要付出更大的力气。

人的心理模式也是类似的，如果一个人的嘴上和心里都说了"不"，那么他就真的会百分之百地反对，从他嘴上说出的这个音节，到肌肉、神经、腺体和内脏都会联合起来，形成对抗模式，整个机体都会紧绷的紧张状态。与此相反，如果一个人嘴上说了"是"，就不会出现这些反应，而是会表现出积极、开放的状态。所以，如果在一开始的时候引导对方说"是"，会让对方更容易接受我们的想法。

这个策略听起来非常简单，可是我们很多人都忽视它。人们似乎习惯在开始的时候就否定别人，从而获得一种高高在上的感觉。

假如您的学生、客人、孩子或伴侣在一开始的时候说"不"，那你则需要花费更多的耐心和智慧，才能让接下来的谈话变得顺利。

纽约格林尼治储蓄银行的一个柜台职员，名叫詹姆斯·艾柏森，正是运用这一方法，成功地将一位顾客挽留了下来。艾柏森先生是这样说的：

这位顾客来到银行想要开设一个账户，于是我让他填写常规的申请表格。但是他只填写了一部分内容，有一些他不愿意回答的问题他没有填写。

如果我在学习人际关系课程之前遇到这种情况，我大概会告诉这位客户，如果他拒绝向银行提供这些信息，银行会拒绝给他开设账户。但现在，我会为这种高高在上的态度而感到羞耻，那样的说话方式让人很不舒服，给人一种"我说了算"的印象，就好像无论是谁也不可以更改银行的规章制度，可是这种姿态对于客户来说，绝对不会让他们有"顾客是上帝"的感觉。

就在这一天，我决定做出一些改变，打算使用一些简单的交流技巧。我不再搬出那老一套，不再去说银行的各种规定，而是先谈客户的需求。

最重要的是，我在开始的时候引导这位客户说"是"。当他不愿意回答一些问题的时候，我没有立马对他说这些问题是非填不可的。我随后引导性地问道："不过我想问一下，如果出现了什么意外，你大概是希望把这笔钱留给你的家人吧？"

"是啊，当然希望了。"他回答说。

我接着启发他说："如果发生了什么不好的事情，只有您把您家人的信息告诉我们，我们才能在第一时间联系到他们，是这样吧？"

他再次回答"是"。

当这位年轻人意识到银行需要他的信息是为了他的个人利益，而并不是为了银行自身的时候，他的态度立即发生了改变。离开银行之前，这名年轻人不仅提供了非常完整的个人信息，而且还在我的提议下另外开设了一个信托账户，并指定他的母亲是受益人，而且留下了母亲完整的个人信息。

我发现，一旦让对方开始就说"是"，那么他就会更容易接受你的建议，配合你的工作。

约瑟夫·艾利逊是西屋电气公司的一名销售代表，他也分享了他在销售上的一些经历：

在我的销售区域内，有一家公司一直是我们想要拿下的目标客户，但是我的前任为此耗费了整整十年时间也没有什么效果，当我接手之后，又花了三年的时间，他们终于勉强同意购买我们几台发动机作为样品，我为此大大松了口气，如果一切顺利的话，拿下几百台的订单应该不是什么问题。

我的打算并不是什么奢望，我知道我们公司的产品一直比较可靠，可当我三个星期之后再一次到这家公司去的时候，却得到了一个令人沮丧的消息。

那家公司的总工程师通知我说："艾利逊，我们不能再从你们公司购入发动机了。""为什么？到底发生了什么事情？"我非常惊愕。

"你们的电机太热了，热得烫手。"对方讲道。

我知道此时再跟他们争辩已经无济于事了，于是我想到了"是"的策略。

"您看，是这样的，史密斯先生，"我想了一下讲到，"我绝对是完全站在你这边。如果真的是电机过热，您也绝对不应当购买的，不过我想问一下，你们需要的是满足国家电器制造商协会标准的发动机，是吗？"

他表示同意我的说法，我立即得到了第一个"是"。

"电器制造商协会规定，一台设计合理的发动机的运行温度不超出室温华氏72度都算合格，对吗？"

"是的，"他再次认可了我的说法，第二个"是"也拿到手了，"你说得没错，但是你们发动机的温度要高出不少的。"

我并没有跟他争论，只是问他："工厂的室温有多高？"

"这个么，"他想了一下讲道，"大概华氏75度吧。"

"哦，是这样的，"我接着说，"如果工厂是华氏75度，加上协会规定的华氏72度，那么总共就是华氏147度。如果您的手放到华氏147度的水里，早就被烫伤了，对吗？"

他再一次不得不承认"是"。

"那么，"我建议说，"我觉得咱们还是别再用手测试发动机的温度了。"

"呃，我想你大概是对的。"他做出了让步，闲聊了一段时间之后，他请秘书追加了价值35000美元的订单。

我花了这么多的时间，损失了那么多的金钱和精力，才明白争辩毫无意义。站在对方角度换位思考一下，争取对方说"是"才能获得良好的结果，让合作更加愉快。

人性的弱点

艾迪·斯诺是我们在加州奥克兰市课程的赞助人,他告诉我们,一个商店老板曾成功用"是"的策略让他成为忠实顾客。艾迪热衷于用弓箭狩猎,经常在一家弓箭器材店购买装备。一天,他的弟弟过来看他,他想为弟弟租一套弓箭装备,但是店员却告诉他只卖不租。没有办法,他只好打电话到另一家店询问。他这样描述道:

电话那端的声音非常的优雅,当他听说我想租弓箭的时候,立即给出了与先前那家店全然不同的答复。他先道歉说目前出租这种狩猎装备损耗太高,他们负担不起,因此不再办理这种业务了。然后,他问我过去是不是租过。

我说:"是的,好几年前租过。"

他问我那时的价格是不是在25到30美元之间。

我再次点头说"是"。

他又问我想不想要节省购买装备的费用。

我当然说"是"。

然后他解释道,他们店里正在打折促销,其中一套弓箭套装只需34美元95美分,里面包含所有的配件,也就是说,只比租用的费用多了4美元95美分,他说这也是他们为什么不做租赁生意的原因之一,毕竟这里面的差价太小了。

我觉得他说的是对的，最终我果断地买下了这套弓箭装备还顺带买了一些其他东西，自此以后，我成了这家商店的常客。

苏格拉底是古往今来最有智慧的哲学家之一，有"雅典牛虻"之称。他之所以名留青史，是因为他做出了许多人难以做到的事情。他的学说改变了人类的思想进程，在其辞世24个世纪之后的现在，他依然是一个公认的最有智慧的伟大人物。

他是怎么做到的呢？是直接指出对方的错误吗？

苏格拉底可不会这么做。苏格拉底独创的"苏格拉底对话方式"正是构建于"是"的策略之上。他提的问题往往非常巧妙，会得到对方肯定的回答，令对方不得不点头赞同。他随后一鼓作气，一下子接着提出许多问题，令对方一直说"是"。神不知鬼不觉的，对方会发现自己得出了与之前完全相反的结论，自己打败了自己。

想要反驳对方的时候，请记得苏格拉底的谋略，温和地抛出问题，让对方一直说"是"。

中国有一句话同样源远流长："循循善诱。"

拥有古老文明的中国人用5000年的时间来探究人性，他们的看法相当精辟，"循循善诱"地让对方认可你的观点，这绝对是古老智慧的精华。

◎原则5：让对方说"是"。

6. 给他人说话的机会

人们在希望改变别人观点的时候，总是过于谈论自己的意见。但是，如果你能够给对方一点说话的时间，听听他们的想法。因为一般人最了解自己的问题和难题，所以不妨向他们提一些问题，听听他们是怎么说的。

当你听到与自己不同的看法时，总会试图打断对方，请不要这样，这种做法是冒险的，百害而无一利。当对方急于表达自己的看法时，他是不会在意你在说什么的，所以不如耐心地听他们说完，并且鼓励他们有什么说什么。

这个方法在商业上有用吗？让我们一起来看看下面这个例子。

美国最大的汽车生产公司正为全年汽车坐垫用料的采购项目寻找供应商，当时有三家供应商准备好了样品，这些样品一起被送到这家汽车生产商的实验室。做过一番检测之后，这三家供应商得到通知各派一名代表做最后的表述。

　　R先生是其中一家公司的销售代表，可是当他要做最后陈述的时候，嗓子正在发炎。他在培训班的课堂上向同学们讲述了竞标的经过：

> 轮到我和汽车厂商的高管们面谈的时候，我的嗓子已经完全没办法说话了。我被带进会议室，面前坐满了纺织材料工程师、采购专员以及销售部总监和汽车公司董事长。我站起来，非常努力地想要发出声音，但却发不出一点声音。所有人都围坐在桌子旁边，我只好在纸上写下一句话：我很抱歉，我的嗓子哑了，我现在没有办法说话。
>
> "既然如此，那我帮你说吧。"对方的汽车生产商总经理非常周到，他随后帮我介绍了我们公司的样品，并且称赞了它们的优点。会议室里的人为产品展开了激烈的争论，帮我发言的董事长自然一直帮我说话。整个过程里，我能做的事情只有一直点头微笑，或者做一些手势。
>
> 这次展示样品的会议的最后结果是，我们在三家公司中脱颖而出。这家公司向我们采购了50万码的汽车坐垫材料，总价值160万美元，创下了我们公司的订单记录。
>
> 我后来回想这件事：如果那天我没有恰巧失声，我不大可能签下这笔订单，因为我之前的策略不是这样

的。这个偶然事件让我做出了反思，在谈判中让对方多说话比你自己说话更有好处。

让别人多说话的交流技巧，不仅在商业上有重要的意义，在家庭生活中也非常重要。芭芭拉·威尔逊和女儿劳丽的关系最近每况愈下。劳丽曾经是一个安静、懂事的小女孩，现在到了青春期非常叛逆。威尔逊太太使用了各种办法，甚至恐吓、威胁她，但都没有什么作用。她告诉培训班里的同学：

> 我觉得自己都快撑不下去了，我都想要放弃了。有一天，劳丽没有做完家务就跑去找朋友玩了。换做以前，我肯定会对她发脾气。但当时我实在是很灰心，我伤心地问她："为什么变成了这样？为什么啊？"
>
> 劳丽看出了我的伤心，冷静地对我说："你真的想知道为什么会这样吗？"我点了下头。劳丽开始讲起来，越讲越多，最后将心里话都说了出来。她对我说，我老是用命令式的口吻让她做这做那。她想和我说话的时候，我总是粗鲁地打断她。我现在终于明白，劳丽需要的不是一个无情的妈妈，而是一个贴心的朋友。她不希望她的心里话得不到任何回应，还要总是听我的唠叨。
>
> 从那以后，我总是认真聆听她所倾诉的每一句话，她会把心里话对我说出来。所以，现在我们的关系一如既往的亲密无间，我再次拥有了那个乖巧、懂事的女儿。

纽约一家公司在当地报纸上刊登了一则醒目的招聘广告，希望能够招募到才华出众、经验丰富的金融人才。

看到这个消息之后，查尔斯·库贝里斯当即决定试一试，几天之后，他就收到这家公司邀请他参加面试的回复。在去这家公司之前，库贝里斯专门花了几个小时，在华尔街上搜寻这家公司创始人的各类消息。

等他来到这家公司的时候，正是这家公司创始人负责面试，查尔斯不慌不忙地讲道："贵公司实力雄厚，名声在外，能有机会来这里面试我感到非常荣幸，不过我听说您在二十八年前创业的时候，公司里只有一张办公桌和一位速记员，请问这件事情是真的吗？"

几乎每个成功人士都喜欢追忆当年的奋斗史，这位总裁也是如此。看到库贝里斯表现出的浓厚兴趣，他骄傲地讲起如何仅凭区区四百五十美元就白手起家的，如何在嘲笑中打下一片天地，如何废寝忘食地工作，如何克服了重重困难。如今，就连华尔街上的一些重要人物都会上门向他请教问题。他在回忆奋斗史的时候激情勃发，为自己感到非常骄傲。当然，他也有资格这样。最后，他简明地询问了库贝里斯的履历，把副经理叫过来说："这个人正是我们要找的。"

库贝里斯在前往应聘的时候，下了很大功夫了解未来老板的奋斗史，在面试的时候表现出对对方奋斗史的浓厚兴趣。他鼓励对方多说话，让对方成为谈话中的主角，这给这位老板留下了极好的印象。

罗伊·布拉德利是加利福尼亚人。他刚好碰到了一个相反的例子。一位公司的销售在做自我介绍的时候，罗伊一直没有说话，认真听对方讲。他是这样说的：

我们是一家规模很小的公司，也没有社会保险、医疗保险等社会福利，但是来工作的每个人都可以独立自主地完成工作。

面试者理查德·普赖尔正好拥有我们需要的相关经验。他在和我的助手谈的时候似乎有点犹豫。我看出了这一点，于是我告诉他，我们公司最大的优点就是可以独立工作，没有什么束缚。

说到这里，理查德吐露了自己内心的想法，他把他内心的怀疑和困惑都说了出来，这些都是我们公司的不利状况，不过他好像是在自言自语，又好像在向我提出建议，我忍住了中间几次否定他的想法。可是到了最后他竟然说服了自己，决定来我的公司工作。

我做了一回忠实听众，让理查德成了谈话过程中的主角，并给他充足的时间来权衡利弊，最终他得出了积极的结论，决定来我们公司接受挑战，现在他是我们公司的优秀员工。

哪怕是朋友之间的闲聊，他们也更愿意谈论自己的成就，而不是听我们卖弄。

法国哲学家拉·罗什富科曾说过:"若想树立敌人,那么就超越你的朋友;若想交到朋友,请让对方胜过你。"

为什么这么说呢?

答案很简单,如果别人胜过我们,他们会觉得自己很重要;如果相反,我们只会让别人感到不满和嫉妒。

汉丽埃塔在纽约中区一家人力资源公司担任就业顾问,她和其他同事相处得非常融洽,但曾经不是这样的。刚来工作的时候,好几个月她都没有交到一个朋友。为什么会这样呢?因为她每天都极力炫耀自己的成就。汉丽埃塔在课上讲到他的工作:

> 我对我的工作非常擅长,对此我非常自豪,但这是我自己的感觉,我的那些同事们并不会为我的业绩感到高兴,反而他们会对此表示反感。我如果想要讨人喜欢,真心想和他们成为朋友,就必须要更改这种做法。听取了课堂上的一些建议之后,我在谈话中开始注意多倾听,少说话。我发现同事乐于讲一些让他们感到自豪的事情,而不是听我炫耀。现在,每当有机会和同事聊天,我总是鼓励他们多说话,听他们讲开心的事情,不再主动讲自己那点事儿,结果就显而易见了,我成了最受欢迎的同事!

◎原则6:给他人说话的机会。

7. 怎样赢得合作

你是相信自己得出来的结论呢,还是相信别人灌输给你的想法?

道理很简单,可是为什么还要费力地把自己的观点强加于人呢?转变一下态度,给对方机会自己思考,让对方自己得出结论不是更好吗?

阿道夫·塞尔茨是来自宾夕法尼亚州的一位汽车销售经理,他也是我课上的一名学员。他发现手下的员工最近做事有些散漫,工作效率底下,他得尽快让手下振作起精神。于是他召开了一个销售会议,在会议上他耐心地询问大家内心的所思所想,鼓励大家说出自己的想法。大家争前恐后地说出了自己的想法,赛尔茨把这些想法都写在了黑板上,然后对大家说:"我会尽可能满足你们的想法。现在我问你们,我能从你们那里得到什么。"手下们很快给出了自己的答复:积极、诚实、乐观、合作意识,以及每天8小时的投入工作。

这正是塞尔茨希望得到的答案,但是手下们自己说出来,就表示他们已经认可了这些答案。这次会议极大地提升了大家的工作热情,其中一名员工甚至愿意每天工作14个小时,自从那次会议之后,部门业绩有了明显的提升。

赛尔茨说:"这次会议实际上是一个交易。我给了大家一个承诺,大家自然也会自觉遵守他们自己许下的承诺。"

没有人喜欢被逼迫着做事情。我们总是喜欢按照自己的想法做出决定。我们希望自己的需求和想法得到应有的关注。

尤金·韦森正是因为不懂得这个道理,曾经损失了太多的生意。他为一家纺织厂绘制设计图纸。在过去的三年时间里,他每个星期都会去拜访纽约的一名顶尖设计师。

"我从来没有被拒之门外,"韦森先生说,"但他也从没有买过我的图纸。他总是仔细地看着图纸告诉我说:'不行,韦森,我觉得我们的理念还是不统一。'"

韦森经历了第一百五十次失败之后,终于意识到自己似乎陷入了困境当中,于是他决定每周腾出一晚的时间参加我们人际沟通的学习,希望找到解决之道。

他打算换一个新的方式,带着六张没有完成的草图,第一百五十一次冲进对方的办公室。"我能请您帮我一个小忙吗?"他对那位设计师说,"我这里有一些未完成的图纸,您能否给我一点建议,告诉我怎样才能达到您的要求?"

这位设计师看着草图思考了很久,最后终于开口说:"韦森，你先把这些图留在我这儿，过几天再过来。"

几天后，韦森果真得到了对方的建议，并依照对方的建议修改了图纸。最终，这些图纸全都卖给了这位客户。

从此之后，韦森的图纸都会按照对方的意见修改，对方也一直在他那里购买图纸。

韦森说："我现在终于知道之前为什么一直失败了。我只知道一味说话，想要卖掉自己的东西。现在我改变了这种方式，我主动地询问对方的意见，让别人也参与了创作。这样我都不用多说什么，别人就主动买下了图纸。"

听取别人的意见，这个方法在家庭生活中一样管用。俄克拉荷马州的保罗·戴维斯在课堂上讲述了他的经历：

我和家人一起出去旅行。我有一直特别想去的地方，比如葛底斯堡战役遗址、费城的《独立宣言》签署的大厅和首都华盛顿。我想去的地方还有福吉谷、詹姆斯镇和威廉斯堡的殖民保留地。

3月，我的妻子南希说出了他的旅行计划，她主要想去西部看看，例如新墨西哥州、亚利桑那州、加利福尼亚州和内华达州。她为此已经计划了好几年，但我们在这个事情上意见不一致。

我的女儿刚刚上完初中，了解了美国的历史。因为我问女儿想不想去书上提到的地方去看看，女儿表示非常愿意。

两天后，我们召开了一个小小的家庭会议。最后妻子说，如果大家没有意见的话，我们暑假旅行就去东部，这样既可以满足女儿的心愿，大家也会很开心。就这样，我们的意见终于达成了一致。

一家X光设备的生产商也使用了这个方法，从而成功地把设备卖给了布鲁克林的一家医院。这家医院当时正准备扩大规模，引进一些精良的X光设备。许多推销商听到消息都纷纷上门，这家医院放射科的主任L医生被搞得焦头烂额。

然而，其中有一位推销商使用了一个非同寻常的策略，他比其他人更会揣摩人的心思，他给L医生写了这样一封信：

本公司最近刚刚研发了一种新的X光设备。我们知道这批设备有很多不完善的地方，我希望您能亲自试用一下，为我们提出宝贵的建议。我们希望能从您专业的角度知道我们的设备有哪些不足，我们接下来就会立马改进。我们知道您平常的工作非常忙碌，如果您愿意的话，我们可以为您专门送货上门。

L医生回忆道：

接到这封信的时候，我感到非常意外，因为，这么多年来，还没有其他的厂商询问过我的意见，这让我在

讶异之余还有些许得意，让我感到备受重视，本来那一周我有很多事情要去办，可是为了测试设备，我甚至放弃了一个重要的宴会邀请。令我没想到的是，我测试得越仔细，就越欣赏他们的设备。他们从头到尾都没有向我推销过产品，这让我觉得买不买这件产品完全由我自己掌握。但是他们的产品品质优良，我最终决定买下它们！

爱默生在《论自助》中写道："在伟大的作品中，总会有被我们否定掉的想法；最终它会以某种尊严的方式，重新出现在我们面前。"

在伍德罗·威尔斯当总统的时候，爱德华·豪斯上校在国内外的事务上都颇具影响力。总统会经常向他寻求建议，拜访他的次数比其他任何内阁成员都要多。

总统为什么这么看重豪斯上校的建议呢？

这个秘密的内幕被《星期六邮报》的亚瑟·豪顿·史密斯披露，他在一篇文章中透露了豪斯上校备受总统青睐的奥秘：

和总统相处一段时间后，豪斯很快找到了说服他的最佳方式，那就是让他在心理上产生认同。其实他是很偶然地发现这个窍门的，当时豪斯上校正在拜访白宫，试图说服总统同意一项看起来好像很难通过的政策。令人没有想到的是，在几天后的晚宴上，总统把这个提议当作自己的想法提了出来。

豪斯上校当然不会纠正总统说："这个是我的想法，不是你的想法。"他很精明，其实这个结果正是他想要的。他接下来会照样支持总统，说这个政策是总统的想法，然后劝说其他人赞同这个想法。

请记住，我们身边的人和伍德罗·威尔逊总统并没有太大的区别，豪斯上校的方法每个人都可以使用。

加拿大新不伦瑞克省的一位商人就曾使用这个方法，让我心甘情愿地参加了他的野营中心。

我当时正打算去钓鱼。所以，我写信向旅行社索取有关资讯，结果我的个人信息马上泄露开来，许多野营中心都打电话来向我推销。我一下子有些茫然，不知道选择哪一家。就在这个时候，有一个野营中心的人使用了一个非常精明的方式，他给我寄来了其他客户的联系方式，对我说，我可以联系那些参加过野营的人，询问他们参加过之后的感受。

令人吃惊的是，我发现这份名单上有一位我认识的人。于是，我给这个人打了电话，向他打听了这个野营中心的具体情况。之后，非常自然地，我也选择了这一家野营中心。

2500年之前，中国有一位著名的先贤老子曾经说过这样的名言，这句话对我们每个人都适用：

江海之所以能为百谷王者，以其善下之，故能为百

谷王。是以圣人欲上民，必以言下之；欲先民，必以身后之。是以圣人处上而民不重，处前而民不害。是以天下乐推而不厌。以其不争，故天下莫能与之争。

◎原则7：巧妙地把自己的想法变成别人的想法。

8. 换位思考

你要明白,就算别人做错了事情,他是不会主动承认这一点的。所以聪明的人选择理解,而不是责备,但真正这么做的人少之又少。

所有的事情都有原因,任何理论背后都有脉络可寻,所以只要好好了解一下,你就能找到解决问题的办法。

因此,请放下架子换位思考,设身处地地站在对方的角度思考问题。不妨反问自己:"如果我是他的话,在那种情况下,我会怎么做呢?"这样的话你可以甩开很多不必要的烦恼,节省你的时间,你的人际交往能力也会得到一定提升。

肯尼斯·古德在他的著作《怎样点人成金》中告诫我们:

> 不要着急,你要停下来看看自己,你需要估量一下你对别人是否关心然后你就会明白:反省自己就能读懂

别人，你对别人是什么态度，别人也会用这种态度来对待你。

纽约的山姆·道格拉斯，他总是抱怨妻子花费了太多时间修建草坪，而他家的草坪和四年前刚搬来的时候看起来并没有什么区别。这样的责备自然让妻子感到非常委屈，也让家里的气氛变得很不友好。

在学习了人际交往的课程之后，道克拉斯对他的行为做了一番反思。他从来没有意识到，修建草坪这件事是妻子的一大乐趣。身为丈夫的他，应该对妻子的辛勤劳动表示感激，可是他从来都没有说过这样的话。

一天晚饭后，妻子说想去院子修建草坪，希望丈夫能陪陪她。道克拉斯本来一开始内心是拒绝的，可是转念一想，他觉得应该帮妻子一起干活。这让妻子非常开心，两个人有说有笑地干了一个多小时。那天晚上，家里的气氛变得十分和谐。

从此之后，道格拉斯经常和妻子一起修建草坪，并且经常夸赞妻子。道格拉斯学会了从妻子的角度想问题，他们之间的关系也变得融洽了不少。

杰拉德·尼伦伯格在其著述《理解人性》中指出：

> 把对方的观点和想法看成和自己一样重要。如果你做到这一点，那么接下来的交谈就会变得非常融洽。所以你需要多去听取对方的意见，而不是自顾自地说话。

如果对方对你感到认同，那么他就会受到激励，会更容易接受你的想法。

很长时间以来，我都在我家附近的公园散步或骑马，我对橡树抱有像古代高卢鸡一样的崇敬心情。所以，每当发生森林大火的时候，我都会特别心疼。这些火灾发生的原因不是因为乱丢的烟头，而是孩子们在森林中的野炊。有些时候，火势蔓延得非常迅速，最后只得由消防队来灭火。

虽然公园的告示牌上写着"纵火者，将被罚款或监禁"，但是似乎很少有人注意，这里虽然有警察巡视，但是他们并不称职，不能有效地预防火灾。有一次公园发生火灾，我找到警察帮忙，然而他却说这不是他的辖区范围，这样的渎职行为让我非常生气。所以，自此之后，我主动承担起了巡视的任务。一开始，我可能太着急了，所以并没有考虑到其他人的感受。每次看到树下有火苗生起，我都会怒不可遏地上前阻拦，如果他们不服从的话，我就会威胁他们抓他们去坐牢。

结果是，这些孩子表面上确实屈服了，但我离开之后，他们又重新生起火来，说不定想要故意引发火灾。

随着岁月的流逝，我对人性的了解也越来越多，学会了一些小技巧，认识到了换位思考的重要性。现在要是遇到这种情况，我再也不会那么鲁莽，我会走到他们面前，这样对他们说：

孩子们，你们玩得很高兴啊，你们晚饭打算做什么

吃？我小的时候也很喜欢野炊，现在也喜欢。但我对你们有一点提醒，你们应该知道，在森林里生火是不安全的。我知道你们会非常小心，但是其他人会不会这样那就真的不好说了。他们可能看到你们生火而模仿你们，走的时候却不把火熄灭。这样的话，枯叶会被引燃的，树木会被点燃，林子里也就什么都没有了。你们应该知道，在森林里生火是违法的，但看到你们玩得这么开心，我不想让你们扫兴。但你们走的时候，能把火堆周围的枯枝败叶清理干净吗，以防发生危险。你们下次再来的时候，不妨去那边的沙坑里野炊，这样就不会有任何安全隐患了。最后谢谢你们，祝你们玩得开心！

这样的语气和讲话获得了良好的结果，孩子们都很听话，没有让他们感到不舒服。我用这种方式处理问题，不会让他们觉得自己是在被命令，他们的面子上过得去。孩子们愿意解决问题，我也就感到心满意足，因为我是通过换位思考的方式来说话的。

设身处地地站在他人的位置思考问题同样有助于化解个人危机。

澳大利亚新南威尔士州的伊丽莎白·诺瓦克已经欠下了6个月的汽车贷款，她正为此愁容满面。她回忆道：

周五晚上，我接到了一个经销商的电话，对方凶巴巴地告诉我，要是周一不能缴纳120美元，他们公司会采取下一步行动。然而，我在一个周末的时间内根本无法筹到这些钱。周一的早上，同一位经销商又给我打来电话。我决定心平气和地和对方讲话，我首先站在对方的立场，对我的行为表达了歉意，给他带来了不必要的麻烦。当我说完这些，我能感觉到对方的语气缓和了不少。他对我说，和其他客户相比，我的情况还算是好的。有的人更加离奇，有的人对他说谎，有的人竟然不见了。在接下来的交谈中，我说得很少，主要都是在听他讲话。当他发完所有的牢骚之后，我还没开口，他就对我说，我拖欠的钱也不是那么着急，只要在月底之前付20美元，其他的钱到时候补上再说。

如果你要平息别人的怒火，向别人推销你的产品，或者给慈善机构募捐，先不要着急行动，而是闭上眼睛站在对方的角度上考虑一下："我为什么要这么做呢？"虽然这样会花上你一些时间，但却能有效地避免摩擦，减少很多不必要的麻烦。

哈佛商学院院长多纳姆曾说过：

在和别人面谈之前，我会花上两个小时的时间在别人的办公室门口走走，而不是贸然地破门而入。这样的话，我会有充足的时间站在对方和我自己的立场上，把所有可能的需求和结果都想清楚。

这段话很重要,我不厌其烦地重复一遍:

在和别人面谈之前,我会花上两个小时的时间在别人的办公室门口走走,而不是贸然地破门而入。这样的话,我会有充足的时间站在对方和我自己的立场上,把所有可能的需求和结果都想清楚。

如果说,读完这本书你只学会了"换位思考"这一个方法,也请好好地使用它。如果能坚持做到这一点,它一定会帮助你走向成功。

◎原则8:设身处地地为对方着想。

9. 体谅他人的想法

如果世界上有这样一句话，它能够避免争执、消除敌意、增进友情，并让对方心悦诚服地听你倾诉。

你想知道这句话是什么吗？这句话是："我非常理解你的感受，你不应该受到责备。如果我是你的话，我也会这样。"

听到这样的话，再偏执的人也会变得温柔起来。不过，你必须发自真心地说出这句话，对方才能感受到这句话里面的真情实意。

以阿尔·卡彭为例，如果你处在和卡彭一样的境况之下，经历他经历的一切，你最后的感受和想法会和他没有区别。任何事情都是有原因的，这就像响尾蛇的后代都是响尾蛇一样。

和这个道理一样，你之所以成为现在这个样子，不完全是由你自己说了算的。所以你也应该设身处地地为身边人考虑一下，那些面目可憎、脾气乖戾之人也并非故意这样。你在心里应该向上帝表示感谢:"如果没有上帝的恩宠,我和他们会变得一样。"

在你所遇到的人群当中,有超过七成的人都渴望得到他人的谅解。如果你能体谅他们,你就会收获他们的好感。

我曾经受邀到电台评论《小妇人》作者路易莎·梅·奥尔科特的节目。我知道她的不朽名作是在马萨诸塞州的康科德创作出的,我当时因为口误,将其说成了新罕布什尔州的康科德。如果仅仅是口误一次还情有可原,可是我竟然说错了两次,导致批评我的邮件和电报蜂拥而至,我对此根本没有心理准备,而且这些批评的话语极度伤人,深深地刺痛着我的心,我的脑袋好似钻进了马蜂窝一般嗡嗡乱叫。

一位在马萨诸塞州康科德长大、现居费城的贵妇人用淋漓尽致的羞辱词语将我贬低得一无是处,在她看来,就好像是我把奥尔科特小姐变成了新几内亚的食人族。我当时读完信后心里在想,"幸好这个人不是我的老婆。"我特别想回信给她,告诉她我确实犯了一个地理上的错误,可是她的信件却缺乏最起码的礼节。我很想这样写下去,但我克制自己没有这么做。被情绪冲昏头脑的傻子都会说这句话,但我不想变成傻子。

我决定做一件具有挑战性的事情——化敌为友。这是一个很大的挑战,同时也是一个游戏,我告诉我自己:"如果我是她的话,可能也会有同样的感受,做出同样的事情。"所以,我决定接受她的观点,下一次经过费城的时候,我专门给她打了一个电话。我们的对话是这样的:

我："您好，女士。我几周前收到过你的一封信，我给您打电话是想谢谢您。"

她（高贵富有涵养的语气）："请问您是谁？"

我："您可能不认识我，我的名字叫做戴尔·卡耐基。几周前我在电台上介绍了作家路易莎·梅·奥尔科特，您应该收听了我的节目。我当时犯了一个不可饶恕的错误，竟说奥尔科特小姐住在新罕布什尔州的康科德，这个错误实在是太低级了。我想诚恳地向您道歉。我非常感谢您还特意抽时间给我写信。"

她："卡耐基先生，我很抱歉写了那封信，我当时发了太大的火我得向您说一声对不起。"

我："不！不！您不需要道歉，是我需要道歉。这是一个小学生都不会犯的错误。虽然我后来在电台上公开致歉了，但是现在我想以个人名义向你道歉。"

她："我在马萨诸塞州的康科德出生，我的家族200年来在当地都是名门望族，我以我的家乡为荣。所以，当我听您说奥尔科特小姐住在新罕布什尔的时候，我真的非常生气，但是我那样的措辞是不对的。"

我："发生了这样的事情，我比您更加难过。实际上，这个错误没有损害马萨诸塞州的名声，倒是对我造成了严重的伤害。像您这种地位和教养的人给电台写一封信，真的非常难得。我非常坦诚地请求您，如果我下次再有类似的错误，希望您能第一时间帮我指正。"

她："您知道吗？您接受批评的态度让我感到很欣慰。您人一定很不错，我真希望能多了解您。"

就这样，我一开始就向她诚恳道歉，她也就向我道了歉，并谅解了我。我很庆幸我当时克制了不满情绪，对于难听的攻击性言辞我予以了温和的回应。我原本可以在电话上把她大骂一顿，但我最终没有这么做，获得别人的喜欢而不是憎恶更让人开心。

无论哪位美国总统入住白宫的时候，都要面对人际关系这个难以处理的问题。塔夫脱总统也是这样，凭借过往的经验，塔夫脱总统觉得同情能够化解不满的情绪。他在《公共事业的伦理》一书中记载了一个故事，说明了他是怎样化解一位母亲的满腔怒气的。他是这样写的：

一位来自华盛顿的女士，她丈夫是一位颇有影响力的政界人物，她已经为了她儿子职位的事情跟我游说了一个多月，她还动用关系请了不少参议员和众议员来为她儿子说情。可是她看上的那个职位对专业知识的要求很高，因此我最后采用了部门负责人的提议，聘用了另一个候选人。没过多久，我就收到了这位母亲的来信，他在信中指责我的良心被狗吃了，说我连这个轻而易举的小忙都不愿意帮。她还说他已经帮我劝说了所在州的代表，帮助我的一个提案得以顺利通过，却没想到我用这样的方式来回报他。

如果你收到这样的一封信，大概会觉得对方不但粗鲁无礼，还理直气壮，简直不可理喻。你有可能会马上写一封信回应他，但是如果你动一下脑子的话，你就应该把这封信留下来。过几天再把这封信拿出来重新看一下，然后考虑要不要寄出去，或者重写一封。我正是按照这个方法做的，我过了一段时间之后才回信。我在信中表明我非常理解他作为一个母亲的焦急心情和失落情绪，但是我又就事论事，向她解释说这个岗位需要一个技术过硬的人才能胜任，所以我最后才接受了部门负责人的提议。我最后对他儿子的未来表示了良好的祝愿，希望他能找到合适的工作。这样的一封信终于平息了这位母亲心中的怒火，她后来回信对她所说的话表示抱歉。

就在那个岗位的新人来工作之前，我收到了一封她丈夫的来信，可奇怪的是，字迹却和她的一模一样。信中写道，由于之前的那件事情，他的妻子非常伤心，后来发展成了神经衰弱，现在恶化成了胃癌，整日卧床不起。他在信中恳求我换掉之前的那个人，让他的儿子从事这份工作。我看到这封信感到很无奈，只好给她丈夫回信：我希望是医生诊断上出现了失误，对他夫人出现这样的不幸感到很同情。不过我之前的人事任命是无法更改的。

很快，候选人顺利到岗承担工作任务。两天后在一场白宫举办的音乐会上，我和夫人最先遇到的就是这位先生和他"生命垂危"的夫人。

简·曼格姆是俄克拉荷马州图尔萨市一家高端酒店的手扶电梯维修公司的负责人。这种手扶电梯每次维护需要至少八个小时，但酒店的经理不想给宾客造成不方便，不愿意让电梯停运这么长的时间，所以规定电梯的维修时间不能超过两个小时。可是这么一来，电梯的安全就难以保障，维修工也不一定刚好有时间。

曼格姆先生并没有跟对方争吵，也没有要求对方必须确保八个小时的时间，而是特意安排公司里技术最好的员工负责这家酒店的工作，然后给这位经理里克打了电话：

里克先生，我知道你们酒店的客人很多，所以你想要把维修电梯的时间尽可能地减少。我知道您很看重这一点，我们会尽我们最大的努力来完成这个工作。但是，根据我们的检查结果，我不得不告诉您，在2个小时内的时间里无法修好这个电梯，并且很可能留下更大的安全隐患。这样的话，下次再维修的时候，可能需要花费更多的时间，您不愿意看到这种情况发生吧？

酒店经理最后终于让步了，他不得不承认八小时的全面检修比更大的安全隐患要好得多。曼格姆先生利用酒店经理为宾客着想的心情，得到了这位酒店经理的谅解。

乔伊斯·诺里斯是密苏里州的一位钢琴教师，她的一个学生芭贝特喜欢留长指甲，但弹钢琴是不允许留长指甲的。想要让她改变这个习惯并不是一件容易的事情，诺里斯夫人讲述了她跟女孩之间的沟通过程：

> 众所周知，留长指甲会成为弹钢琴的阻碍。刚开始上课的时候，我没有和她说修指甲的事情。我不愿意打击她学钢琴的热情，同时也不想她突然失去她精心护理的指甲。
>
> 第一节课结束后，我选择了一个合适的时间对她说："芭贝特，你的手很好看，指甲也很美丽。但是，我觉得你要是想把钢琴弹得更好的话，可以把指甲修短一点。你先回去想想，可以吗？"我说完之后，发现她面露难色。我对芭贝特的母亲也说了这个问题，他母亲也觉得芭贝特不会修指甲。由此可见，指甲对她来说真的很重要。
>
> 令我没想到的是，下次上课的时候，我发现她的指甲已经变短了。我对她的这一举动表示很赞赏，也对她母亲的努力表示了感谢。但是她母亲说："我没有劝说她什么，这是她自己这么做的。长到这么大，她还是第一次听取别人建议呢。"

诺里斯没有对芭贝特说什么狠话，也没有命令她必须剪指甲。她夸赞了芭贝特的指甲很好看，并且告诉她把指甲剪短，钢琴会弹得更好。她只是暗示："我也非常喜欢你美丽的指甲，我知道对你来说剪掉指甲很困难，但是却能把钢琴弹得更好。"

索尔·胡洛克是美国半个世纪以来数一数二的音乐经纪人，他与那些名扬四海的艺术家，例如夏里亚宾、伊莎多拉·邓肯、帕甫洛娃等都打过交道。胡洛克先生告诉我，与这些情绪化的艺术家打交道，最重要的是要学会理解别人，尊重每个人身上与众不同的地方。

著名男低音演唱家夏里亚宾在大都会歌剧院迷倒一片观众，胡洛克曾经给他当了3年的音乐经纪人。夏里亚宾在台前风光无限，在台后却经常耍各种小脾气，给胡洛克制造麻烦。胡洛克自己也说："他实在是太让人头疼了。"

比如，在马上就要演出的当天中午，他会对胡洛克说："我的嗓子今天很不舒服，非常疼痛。恐怕我晚上不能表演了。"胡洛克会和他吵起来吗？肯定不会。他知道作为一个专业的音乐经纪人，那样做是欠考虑的。他马上赶到了夏里亚宾所在的酒店，伤心地说："真是运气不好啊。您真可怜，这样您确实没办法演出了。我马上就把演出取消了，这样虽然会让您损失几千美元的收入，但是相比起来，您的名声重要得多。"

夏里亚宾听完后垂头丧气地说："你晚一点再来看看我吧，5点左右，看到那时我的嗓子会不会好一点。"

胡洛克5点的时候准时回到了酒店，然后满怀同情地去看望

夏里亚宾。夏里亚宾还是想取消演出，然后无奈地说："你晚点再来一趟，看看我的嗓子那时有没有好一点.'

晚上7点的时候，夏里亚宾最终同意了登台演出，但是他有一个要求，在演出之前必须宣布他患了重感冒，可能会影响演出的质量。胡洛克同意这么做了，这样才能让夏里亚宾登台演出。

亚瑟·盖茨博士在其著作《教育心理学》中指出：每个人都希望得到别人的同情。小孩子甚至会故意伤害自己，比如割伤自己，来引起大人的关注。其实大人也一样，他们也会展现自己的伤痛或疾病，来获得大家的同情和谅解。

所以，如果你想获得别人的支持，请遵守这一点：

◎原则9：体谅他人的想法。

10. 让对方无法拒绝

利用介入式的分析方法，皮尔庞特·摩根发现每个人做事情都无外乎有两个原因：一个是崇高的理由，一个是引发的动机。

每个人心里自然都知道自己的动机是什么，不需要别人帮他们指出来。每个人都渴望变得更高尚，因此需要一个听起来很更高尚的动机。如果你想要劝说别人的话，你需要激发他们高尚的情操。

听上去很困难吗？那就让我们以法雷尔先生的实例说明一下吧。汉密尔顿·法雷尔在宾夕法尼亚州拥有一家房屋租赁公司，当时有一个对房屋不满的房客威胁说要马上搬家，这名房客还有4个月的时间才满合约期，但是他不管不顾，坚持马上搬走。

法雷尔先生在我的课堂上说：

这家人在我的房子里住了整个冬天，现在是房租最贵的时候，如果他们现在搬走，我很难再把房子租出去。这样的话，我本来马上就要到手的房租也拿不到了，这让我更加生气。

如果是之前，我肯定会和他们吵起来，责备他们不遵守合同。我会对他们提出警告，他们要搬走也可以，但必须把剩下几个月的房租都付给我。

但是这次我没有选择那么做，那样做不仅于事无补，还会把事情弄僵。我决定尝试新的办法，于是我说：多伊先生，我听说您最近要搬走，但我觉得搬家不是您的本意。我出租房屋有很多年的时间了，依照我的经验，您肯定是一个讲信用的人。

我现在有个建议，您可以先听一下。您可以考虑再多住几天，要是您还是想要搬走的话，我尊重您的决定。我做房屋租赁这一行很多年了，我相信你是一个讲信用的人。

第二个月，多伊先生来找我交房租。他对我说，他和妻子商量过了，觉得还是留下来比较好。

诺斯克利夫勋爵发现报纸上刊载了一张他不想公开的照片，于是写信给报社编辑。他并没有直接告诉对方"我不喜欢那张照片，请把它撤换掉"，而是用了一个非常高尚的理由，他利用了人人都有的对母亲的尊敬，在信中写道："那张照片我母亲不喜欢，请您把它撤换掉，可以吗？"

人性的弱点

小约翰·洛克菲勒不愿意让自己孩子的照片被公布于众，而制止的理由同样也非常高尚，他并没有说："我不想让这些照片见报。"而是利用每个人都有的对儿童的关照，对记者说："你们自己也身为父母，我想你们也明白这个道理，过早的曝光对他们的成长并不利。"

赛勒斯·柯蒂兹是《星期六晚邮报》和《妇女家庭杂志》的创始人，这个来自缅因州的穷孩子在创业之初，没有办法像其他有名的杂志那样支付高额的稿费，于是他只能编织一些美丽的理由来打动那些作者。赛勒斯·柯蒂兹用区区一张一百美元的支票就说服《小妇人》的作者路易莎·梅·奥尔科特为自己撰稿，这张支票作者本人并没有要，最后这笔钱捐给了她支持的慈善机构。

有些人看到这里可能会想："这个方法对于诺斯克利夫勋爵、洛克菲勒或是那些情感丰富的作家可能管用，可是对那些欠账的家伙这种方法是否管用呢？"

你的怀疑是有道理的。就像没有一种药能够医治所有疾病，也没有一种方法能够解决所有问题。但是如果你想要改变现状的话，为什么不尝试一下呢？

无论如何，我都建议你读一下詹姆斯·托马斯的故事，他是我的一个学生。

那个时候，他所工作的汽车公司正面临着一个不小的难题，有六名顾客拒绝支付他们的保养费用。他们没有人否定这个账单，但却说自己被多收了钱，然而当初这些保养费用中的所有项目顾客都是签字确认了的，公司这笔账是没有问题的，他们也这样告诉了顾客。然而这却是他们犯下的第一个错误。

下面是公司财务部门收账时采取的工作方式，你觉得他们会完成这个任务吗？

1.他们挨挨家挨户地拜访每位顾客，直接告诉他们自己是来收账的；

2.他们毫不客气地说公司绝不可能搞错，一定是顾客自己错了；

3.他们更是进一步地暗示说公司是汽车领域的领跑者，顾客不可能比他们懂得更多，还有什么好争论的呢？

4.结果：双方依旧会吵个不停。

在上面的步骤中有任何一个能够缓解双方关系，让客户顺利掏钱的吗？我想答案已经非常明显了。

为了应对这个问题，公司财务部门打算将这件事情诉诸法律，这对于双方来说都不是一件令人高兴的事情。好在令人感到幸运的是，这件事引起了公司总经理的注意。他查阅了这些没有付账的客户信用记录，发现他们之前的信用都非常好。很显然是哪里出现问题了，如果不是汽车方面的问题，那一定就是收账方式的问题。因此他请来詹姆斯·托马斯这位收账方面的高手，让他出面收取这些难以收回的欠款。

托马斯先生的收账方式有什么不同呢？看看他自己是怎么说的：

> 我的最终目的依旧将这些欠款拿到手，同时我也相信公司的账单没错，但是绝对不会对顾客说这些，我向

顾客解释说，我之所以来拜访他们，是为了弄明白公司方面出现了什么问题，这显然让他们不会对我产生太多敌意。

我向对方保证在他讲完整个事情的来龙去脉之前，我不会插嘴，同时让对方明白公司方面绝不认为自己永远是正确的。

我还要告诉对方我只对他的车感兴趣，而关于他的车，没有人能够比他自己更了解，他在这方面拥有绝对的话语权。

无论对方说什么，我都会认真倾听，让他感受到我的真诚和理解。

最后，当对方的情绪趋于稳定之后，我向他保证公司一定会合理地解决这个问题，并且会激发对方的高尚情操。我会说："我坦诚地告诉您，公司在处理这件事的时候也有不妥当的地方。之前我们公司已经有一人惹得您不高兴，我向您道歉。在刚刚听了您的一番话之后，我发现您是一个非常正直和真诚的人，所以我想请您帮我一个忙，帮我认真查对一下这个账单，您肯定会非常公允地处理这件事情。这件事最终的决定权就在您的手里，我完全听您的意见。"

最后的结果怎么样了呢？他们是否重新审核了账单呢？是的，他们显然非常乐意这么做。除了一个顾客为了其中一项具有争议的项目没有付款之外，其他五名客户把全款付清了，从150美元到400美元不等，而这件事情还没有彻底结束，因为在两年之内，这六名顾客居然每人都从公司购买了新车，这才是最奇妙的事情！

托马斯感叹道："经验告诉我，在我不了解顾客的情况下，应当先假设对方是一个正直、真诚的人。如果顾客确定这个账单没有问题，他们肯定会付清账单的。换一个说法就是：每个人都有诚信，每个人都会履行义务，只有少数例外。哪怕真的有一些不真诚的人，如果他知道你对他满怀信任，他也很可能不想辜负你的期待。"

◎原则10：激发对方内心的高尚情操。

11. 让你的表达更有戏剧性

许多年前，费城《晚间新闻报》遭受了一些流言蜚语。有人在散布谣言，他们告诉广告主们，这家报纸上面刊登了过多的广告，能够看到的内容太少了，已经不再吸引读者的注意了。这些谣言越传越厉害，《晚间新闻报》打算做出一些回应，来制止这些谣言。

他们是如何应对这种情况的呢？是刊登大篇幅的严正声明吗？

不！

他们是这样做的：《晚间新闻报》决定把每天的阅读内容摘下来，分门别类，将其编成了一本书出版，书名叫作《一天》。这本书足足有307页，和市面上的书相比差不多，但该书仅以几美分售出，而非几美元。

这本书的出版充分证明了《晚间新闻报》的内容丰富多彩，

令那些谣言一下销声匿迹。比起讲道理、列数字，这一方法给人的印象更加深刻，也更加直观。

我们身处的这个时代就是这样，充满了戏剧性，所以你光陈列事实是不够的，你还得想办法用更加吸引人的手段来吸引人们的注意。在大众传播方面，电视、电影、广播都是这么做的。在人际交往方面，如果你想吸引别人的注意，你也得使用这些技巧。

橱窗展示方面的专家深知戏剧化的力量有多强大。比如，某灭鼠药的厂商为了推销自己的新产品，便在经销商的店铺橱窗内提供了两只活老鼠用作展示之用，这两只老鼠一被放进橱窗，灭鼠药的销量立刻翻了好几倍。

戏剧化手段的运用在电视广告中更是随处可见。不妨找个晚上坐在电视机前，仔细看看电视广告商是怎样宣传产品的。你会发现到某品牌的抗酸剂明显改变了试管中酸性溶剂的颜色，竞争对手的产品却毫无变化；某品牌的肥皂让沾满油渍的衬衫洁净如新，而竞争品牌的产品洗过的衬衫却依旧存留着大量污渍；你还会看到某品牌的汽车在弯道上自如行驶，这一视觉表现手段远比干巴巴的解说更有冲击力。还有各种各样的心满意足的笑脸也频频出现在广告中，所有广告利用戏剧化的手段表现产品的优点，让观众相信产品的效果，更好地激发了观众的购买冲动。

不仅仅是在电视广告宣传上，在工作、生活中，你都可以戏剧性地夸大你的想法，这种做法虽然简单，却可以得到不小的收获。吉姆·叶曼斯是弗吉尼亚州一家收银机公司的销售人员，他就是使用夸张的展示方法成功地做成了一笔生意。他告诉我们：

>在上周的时候，我去小区杂货店，发现店里正在使用的收银机已经非常过时了。于是我主动对老板说："我仔细看了一下这个收银机，每次顾客结账的时候，都会把钱掉落在地上。"说这话时我故意丢了一块硬币在地上，马上引起了老板的注意。我只用了一句话，加上硬币掉在地上的声音，成功引起了老板的注意。他停下了手中的工作，一番交谈之后，我成功地说服他从我这里购买了一台新的收银机。

不仅仅在商务活动中，在家庭生活中，这种方法也非常有用。男人在向心上人求婚的时候，仅限于一些言语上的表达就够了吗？当然不够！他还得单膝跪地，表示他求婚的诚意。虽然如今人们已经很少做单膝跪地这样过时的动作了，但是男人在求婚之前依然会制造一些浪漫温馨的氛围。

这种戏剧化的手法同样适用于孩童。亚拉巴马州的乔·范特每天都在为自己5岁的儿子和3岁的女儿满地乱丢玩具头疼不已，于是他发明了一个"小火车"，让骑三轮车的儿子乔伊当火车司机，女儿珍妮的小车放在后面当货箱。这个设计非常有意思，它变相地让孩子们把玩具收拾好，但没有使用教训、责骂等方式。

学员玛丽·凯瑟琳·伍尔在印第安纳州工作，最近在工作上出现了一些问题，她非常需要和老板谈谈。星期一早上，她找到老板，但是老板告诉她没有时间，让秘书重新安排一个时间。所以她找到了秘书，秘书却告诉她，老板的时间非常紧，这周的日程已经安排满了。伍尔夫女士告诉培训班的同学：

我整整一个星期都没有见到老板。每次我去问秘书，她都会用各种不同的理由敷衍我。直到周五的早晨我都没有得到任何回复，但是在周末之前我必须把我的问题解决了，所以我得考虑用什么办法才能见到老板。后来我终于想到了一个办法。

我很郑重地给老板写了一封信，告诉他我明白他是一个大忙人，但是我也说明了我这件事的紧迫性。我在信后面还附上了一张表格和我的名字，请求老板或秘书填好给我。那张表格的内容是这样的：

伍尔芙小姐：我__日__点（上午/下午）有空见你。我给你__分钟时间。

我上午11点把这封信放到了老板的收件箱内。下午2点，我在自己的信箱里发现了回信。老板告诉我下午可以抽10分钟时间见我，我们后来聊了1个多小时，把我的所有问题都解决了。

如果我没有使用这一戏剧化的办法和老板约见面，估计到现在我还在等秘书回复呢。

詹姆斯·博因顿是一名市场调查员，公司刚刚为一个知名品牌的护肤霜做了详尽的市场调研，他马上要去对方的公司讲解这份厚厚的市场报告。对方在广告界赫赫有名，可是博因顿先生的报告还没开始进行就被否定了。博因顿先生说：

我第一次汇报的时候出现了严重的沟通偏差，我们一直在争论调研方法的正确性，而不是我们得出的结论。我们争来争去，他怀疑我们的方法有问题，我却义正词严地说没有问题。虽然我最终赢得了争论，甚至还颇为得意，但是我却把最宝贵的时间都浪费在这些细枝末节上，报告中最重要的部分根本就没有提到。等到第二次面谈的时候，我决定改变这种方法，使用一种戏剧化的手段来展示我的结论，于是我抛开了所有的数据和图表，直接去见他。

我走进办公室的时候，对方正在打电话。他一放下电话，我就从我的包里拿出32瓶护肤霜，往桌子上一摆。这些牌子的润肤膏他都熟悉，都是他的竞争对手。我在每支护肤霜的瓶子上都简明地写下了调查数据，这样全都一目了然。这次我们之间再也没有争执了，我采取的这种展示方式对他来说非常新奇。他饶有兴趣地一个个地拿起那些瓶子，看着上面的调查数据。我们就这些产品做了一些交流，他对我的这种研究方式颇感兴趣，问了我不少问题。本来约定的10分钟的时间，增加到了20分钟、40分钟，最后一个小时过去了，我们依然在说着话。

其实我这次表达的内容，跟上次一模一样，不同的是我这次使用了戏剧化的技巧，这之间的效果差距是多么的巨大啊！

◎原则11：使用戏剧化的表达方式。

12. 让他人面临挑战

查尔斯·施瓦布的公司拥有数家工厂，其中有一位车间经理尽管非常尽职尽责，可手下的工人却总是无法按时完成生产任务，产量始终达不到标准。

施瓦布问那名经理："怎么会这么样呢？你是一个能干的管理者，可是厂里的业绩为什么就提不上来呢？"

"我也弄不清楚原因啊，"那名经理沮丧地回答，"我用了各种各样的办法。无论是奖励还是惩罚，敦促还是训诫，我都使用过，甚至还威胁要开除他们，可就是没有用啊，他们就是不好好干活。"

当时正是傍晚的时候，白班工人和夜班工人正准备交接，施瓦布让经理拿来一根粉笔，随口问旁边的工人说："你们白天做了多少？"

"6件！"

施瓦布在地上写下一个大大的"6",没有多说什么就离开了。

等到夜班工人上岗的时候,看到了地上大大的"6",便非常好奇地问这是什么意思。"老板今天来了,"白班工人说,"他问我们白天做了多少,我们说6件,他就写下来了。"

第二天早上,施瓦布又来到这个车间,只见夜班工人已经将那个"6"擦去了,取而代之的是一个"7"。

白班来交接的时候,自然也看到了地上的"7",他们立即感觉到被夜班的人超越了,而且是在老板的眼前!白班工人于是决定好好干活,给夜班工人看看自己的实力,于是他们晚上下班的时候,在地上留下了一个"10"。

于是,这个车间的工作氛围越来越好,他们的产量也一下提起来了,一下成了厂里生产量最高的车间。

这是为什么呢?

查尔斯·施瓦布的解释是:"有了竞争意识才会提高生产效率,这里的竞争不是争权夺利,而是内心中想要超越他人的渴望。"

斗志昂扬,超越他人。这是激励人最好的办法。

如果没有挑战的出现,西奥多·罗斯福就不会成为美国总统。这位"莽骑兵"从古巴凯旋之后,被推举为纽约州州长,然而政敌发现罗斯福并不是纽约州的常住居民,罗斯福一下就慌乱了,打算提交辞呈。这个时候,来自纽约的参议员托马斯·科利尔·普拉特故意向罗斯福挑衅,他盛气凌人地问罗斯福:"你到底是一个英雄还是个彻底的懦夫？"

罗斯福毅然接受了对方的挑战，后来的事儿大家都知道了，这一次的挑战不仅改变了罗斯福的人生，也改变了美国整个国家的命运。

"所有人心里都藏着恐惧，只有勇士才能战胜恐惧，继续前行，哪怕战死沙场，也死得其所！"这是古希腊国王侍卫的座右铭，他们认为人世间最大的恐惧正是对死亡的恐惧。

阿尔·史密斯在担任纽约州州长的时候，遇到过一个麻烦。位于魔鬼岛最西端的兴格监狱臭名昭著，那里曾经是各种丑闻和肮脏事件的发生地，这样的险恶之地，根本没有人愿意去那里任职。而史密斯急需一位强悍的铁腕人物来胜任这一职位。于是他找到了新汉普顿的路易斯·劳斯。

"我想让你去兴格监狱担任典狱长，你看怎么样呢？"史密斯用故作轻松的口气问道，"那儿需要一个有经验的人。"

听到这个话，劳斯吓呆了。他自然知道去兴格管理监狱要面对多少困难。兴格的典狱长换了一个又一个，任期最短的甚至只有3个星期。考虑到自己的事业发展，他不得不非常慎重。

史密斯看出了他心中的犹豫，于是他故作放松地靠在椅子上，对他微笑着说："年轻人，我非常理解你的心思，兴格监狱现在处在风口浪尖，需要一个有手腕的人才能管理好。"

史密斯故意使用了激将法，劳斯也察觉了，但他是一个喜欢挑战的人。所以最后他真的接受了这一项任命，管理好了兴格监狱，成了美国历史上有名的典狱长。他的著作《在兴格监狱的两万年》在美国非常畅销，他后来还在电台上讲述了监狱里的各种故事。他的事迹被拍成了几十部电影，他对囚犯的人道主义管理成了现代监狱改革的开端。

费尔斯通轮胎橡胶公司的创始人哈维·费尔斯通曾经说过："我从不认为仅仅凭借金钱就能吸引人才并留住他们，能够留下最优秀人才的是工作本身的挑战性。"

著名人类行为专家弗雷德里克·赫茨伯格也有着相似观点。他对成千上万的管理者和员工做过一项调查，最终发现，最能激励员工工作热情的，不是薪水、福利、环境，而是工作本身。只要一份工作能真正激发员工的兴趣，大家都会争先恐后地去做，并努力把这份工作做到最好。

只有通过竞争，人们才能实现自我价值，并最终获得成功。

◎ 原则12：让他人面临挑战。

※ **赢得人们赞同的思维方式。**

● 原则1：解决争论的最佳方案就是避开争论。

● 原则2：尊重他人的意见。永远不要说："你错了。"

● 原则3：如果你做错了事，马上承认它。

● 原则4：友善是交流的良好开端。

● 原则5：让对方说"是"。

- 原则6：让对方多说话。
- 原则7：巧妙地把自己的想法变成别人的想法。
- 原则8：设身处地地为对方着想。
- 原则9：体谅他人的想法。
- 原则10：激发对方内心的高尚情操。
- 原则11：使用戏剧化的表达方式。
- 原则12：让他人面临挑战。

·第四部分·
影响和改变他人的9个法则

人性的弱点

1. 如果你想指出错误，请用这种方式

在凯文·柯立芝执政期间，我的一位朋友受邀参加白宫的一个周末聚会。他走进总统的私人办公室，听到柯立芝对他的一位秘书说："今天早上你穿的裙子非常漂亮，你是一个非常有魅力的年轻女人。"

这可能是这位总统一生中第一次如此热情地赞美他人。这是如此不寻常，如此出人意料，秘书一下脸红了。然后，柯立芝说："但是，不要一下太过得意。我只是想让你感觉好一点。从现在开始，我希望你对标点的使用更加注意。"

他的方法可能有点直接，但心理战术的运用非常棒。我们在听到一些赞美之后，总是更容易接受批评的话语。

这就像理发师在给顾客刮胡子之前，会先在客人的脸上涂上光滑的肥皂泡；这正是麦金利在1896年竞选总统时所做的。当时一个著名的共和党人写了一篇竞选演说，他觉得这篇演讲词比西

塞罗和帕特里克·亨利和丹尼尔·韦伯斯特加在一起都要好。这个人雄心勃勃地对麦金利展示了他的演讲。演讲有其优点,但同时也有许多漏洞,这在公开演讲时会引发非常强烈的批评。麦金利不想伤害这个男人的自尊,他不想打击这个男人高涨的热情,但他不得不说"不"。请看他是如何巧妙地做到的。

"我的朋友,这是一场精彩的演讲,"麦金利说道,"几乎没有其他人的演讲能够超过它。这个演讲非常适合很多场合,但它是否适合竞选这个特殊的场合?或许从你的角度来看,文章十分适合和稳妥,但我必须从竞选的角度考虑它可能产生的影响。现在你回家并按照我的指示再写一个演讲,并寄给我一份副本。

这个人果真照办了。第二篇演讲词出来后,麦金利亲自执笔为他修改、润色。这个人最终成了所有演讲者中最出色的演讲者之一。

你当然不是柯立芝·麦金利。但这些道理仍然可以在日常生活中得到运用。让我们来看看费城沃克公司的一个例子。

沃克公司必须在签约日期内在费城建造一座大型办公楼。一切都顺利进行,差不多快完工了。突然,负责大楼外部钢材装饰的分包商告诉他们,由于特殊原因,钢材不能在指定时间内送到。什么!整栋建筑的工期要滞后!就因为分包商的一个小小延误,沃克公司将要面临的是巨额的罚金和重大的损失。

在长途电话之中,双方吵得面红耳赤、歇斯底里,然而这一切都无济于事。就在这个时候，公司派高先生出马，去位于纽约的分包商的总部，与分包商面谈。

"你知道你的姓氏在布鲁克林是独一无二的吗？"高先生向分包商说道。这位分包商非常吃惊："不，我不知道。"

"好吧，"高先生说，"今天早上下车后，我在电话簿上看到你的地址，而你的姓氏是电话簿中唯一的一个。"

"我从来不知道，"分包商说。他兴致勃勃地检查了电话簿。"好吧，这是一个不寻常的名字，"他自豪地说道，"我的祖先来自荷兰，差不多两百年前在纽约定居。"他继续谈论他的家人和他的祖先。高先生在分包商讲完后，立马称赞工厂的庞大规模。"我从来没有见过这么大规模的工厂，实在太让人震惊了。"高先生说道。

"我花了一辈子的时间来建立这项业务，"分包商说，"我为此感到自豪。你想看看工厂吗？"

在这次巡视之旅中，高先生经常称赞工厂里的员工，并和分包商分析、比较了该工厂在同行业中的优势。高先生对一些不同寻常的机器情有独钟，分包商告诉高先生是他发明了这些机器。他花了相当多的时间向高先生展示他们的经营方式以及他们出色的工作。他坚持带高先生去吃午饭。请注意，到目前为止，高先生对他来此的真正目的还没有透露一个字。

午餐后，分包商说："现在，开始谈生意。我当然知道你为什么来这里。我没想到我们的会议会如此愉快。你可以回到费城，我保证工程所需的钢铁材料会按时运到，哪怕我不得不取消其他的订单。"

高先生得到了他想要的一切，甚至没有主动提起它。材料按时运达，大楼在合同规定的当天完工。

如果高先生当时使用比较激烈的对话方式，还会达到这种效果吗？

多萝茜·弗鲁伯沃斯基是联邦信用合作社新泽西州蒙默斯堡分行的经理，他向我们的一个班级介绍了她是如何帮助她的一名员工提高工作效率的。

我们最近聘请了一位年轻女士作为出纳员。她与我们客户的交流非常好，她在处理个人交易时准确而有效。但在一到下班前清账的时候，这位出纳员出现了问题。

出纳组长来到我身边，强烈建议我解雇这位出纳员。"这位出纳员的清账速度太慢了，以至于拖了每个人工作的后腿。我反反复复地教过她，但她就是学不会。他现在必须得走人了。"

第二天，我观察到这位出纳员在处理日常交易时快速而准确，她对我们的客户非常友好。

没过多久我就发现了她的工作为什么出现了问题。在办公室关门之后，我去跟她说话，她显然非常紧张不安。我称赞她对客户很友好，赞扬了她在工作中的准确性和速度。然后我建议我们一起做一遍清账流程。一旦她意识到我对她很有信心，就很容易听从了我的建议，并很快掌握了这项技能。从那之后，这位出纳员就再没出现过类似问题。

在你和他人交流的时候，请以称赞他人开始。这就像牙医给我们拔牙的时候，总要事先上好麻醉药，拔牙的这个过程虽然很痛苦，但麻醉药可以帮助缓解病人的痛楚。领导的技巧也和这一样。

◎原则1：以真诚的赞美开始交流。

2. 如何批评，又不招致烦恼

有一天，查尔斯·施瓦布经过他的钢铁厂车间的时候，发现有员工正在吸烟。他们头顶上方有一个标语，上面写着"禁止吸烟"。施瓦布并没有指着标语对那些员工喊道"你们看不懂这些标语吗？"相反，他向那些员工走过去，递给每个人一支雪茄，并且说，"男孩们，你们要能到外面抽烟就好了，感谢你们的配合。"他们知道自己违反了规则，他们也很感激他，因为他什么都没说，相反给了他们一点礼物让他们获得尊严。这样的老板很难不招人喜爱，你说呢？

约翰·沃纳梅克使用了相同的技巧。沃纳梅克每天都会去费城看看他的商店。有一次他发现工作人员冷落了一位顾客，他们聚在一起欢声笑语，却没有发现那位需要服务的顾客。沃纳梅克没有多说什么，他自己悄悄地走到柜台后面去服务那位顾客，并将需要购买的东西交给销售人员。之后，他再接着做自己的事情。

选民们常常批评他们甄选的官员难以接近、沟通。的确，官员们都很忙碌，所以，助手们往往不愿意选民们对他们过多打扰而增加工作负担。问题就出在助手的过分保护上。助手们不愿意选民们要求过多而增加他们的工作量。卡尔·兰福德曾担任佛罗里达州奥兰多市市长，多年以来，他经常告诫他的工作人员让人们看到他。他有一个"开放式"的政策，但来上访的市民们总是被他的助手们拒之门外。

最后，这位市长终于找到了解决方案。他把门从办公室里移开了！他的助手们得知这个消息后再也没法阻拦，从这天开始，这位市长真正实现了"开放式"的政策。

如果你想要改变别人的观点，同时又不想得罪别人，那么你需要在语言上稍稍改进，效果就会大大不同。

许多人以真诚的赞美开始他们的交流，随后用"但是"来转折。例如，在试图改变孩子对学习的粗心态度时，我们可以说，"约翰尼，我们为你感到非常骄傲，你在这个学期的进步特别大。但是如果你在代数上再努力一点的话，结果会更好。"

在这种情况下，当约翰尼听到前半句时可能会非常受鼓舞。但当他听到"但是"这个词时，他可能会质疑起初赞美的诚意。这会让他感觉到，你的赞美只是为了接下来批评他。当他对你不再感到信任的时候，他的想法就很难再改变。

有一个办法可以很轻松地解决这个问题，那就是把"但是"这个词换成"而且"，效果会大不一样。

在这种情况下，约翰尼会更加容易地接受你的说法，后半句含有的批评意味消失了，取而代之的是一种期许。这种期许会让我们更加清晰地了解自己，并让自己向着这个期许不断努力。

委婉地给人以建议，而不是直接的批评，会产生更加良好的效果。罗德岛温莎科的玛吉·雅各布在班上讲过他装修房子的事情。

在工作的头几天，当雅各布太太下班回家，她注意到院子里都是木屑。她不想批评建筑工人，因为他们已经做了很多工作。在工人们回家后，她和她的孩子们把院子收拾干净，把木屑斗整整齐齐地堆在角落里。第二天早上，她把工头叫到一边说："我很开心，你们昨天晚上把院子打扫得很整洁，邻居们也没受到任何影响。"从那天开始，建筑工人们每天都会把院子打扫得干干净净，工头每天都会亲自检查院子的整洁情况。

预备军人和正式服役的军人非常不同，预备军人经常会为理发闹得很不开心。预备军人在心中还会把自己定位成普通市民，所以觉得不必把头发剪得那么短。

美国陆军中士哈雷·凯瑟，也经常为训练预备军人而头痛不已。如果像其他中士一样，他就得发火，但他没有这么做。

"先生们，"他说道，"你们将来都是军队的领导者，如果你们想要成为一个好的领导者的话，就得以身作则。你们知道军队对于理发的要求，我今天也刚理了发，我觉得我的头发比有些人还要短。不相信的话你们可以自己照镜子比较一下，谁要是觉得自己的头发没有达到要求，我现在就可以安排他去理发。"

结果是可预测的。几个人确实照了镜子，当天下午就去了理发店剪了头发。凯瑟中士第二天早上说："我已经看到了你们成为领导者的潜质。"

1887年3月8日，演讲大家亨利·沃德·比彻不幸去世。接下来的星期天，莱曼·阿伯受邀做公开悼念演讲。他尽心尽力地写悼念词，像福楼拜写小说那样对自己的演讲稿反复修改。然后他对妻子念了一遍演讲稿，然而效果并不尽如人意。要是他的妻子和一般人一样，很可能就会说："莱曼，你的演讲稿写得很差。稿子写得又长又闷，像教科书一样，听众听了一定会睡着的，这稿子没法用。你有这么多年的布道经验，不该写成这个样子。其实就像普通人那样写就好了，没有必要这样装腔作势。要是用这篇稿子，追悼会一定会被你搞砸的。"

妻子本来可以这样说，如果这样说的话，你也知道会是什么结果。这位妻子也知道这一点，所以她没有这样说，而是换了一个说法："如果你把这篇演讲稿投给《北美评论》的话，他们一定会对你大加赞赏。"这乍听上去是称赞，但同时也委婉地指出了这篇稿子不适合做演讲稿。

莱曼·阿伯听出了他妻子的意思，直接丢掉了自己的稿子，做了一场精彩的即兴演讲。

纠正别人错误的有效方法是……

原则2：委婉地纠正别人的错误。

3. 首先承认你自己的错误

　　我的侄女约瑟芬·卡耐基来纽约做我的秘书,她19岁,三年前从高中毕业。当时她毫无工作经验,现在却成了国内最富魅力的秘书之一。她刚开始工作的时候,很容易犯下一些错误,我有好几次都忍不住要批评她,但我适时制止了我自己,对自己说:冷静一下,戴尔·卡耐基,冷静一下。你的身高是约瑟芬的两倍,你的工作经验是她的一万倍。你怎么可能要求她拥有你的观点、你的判断力、你的主动性。你刚开始的时候不是也一样吗?想一想,卡耐基,你19岁的时候在做些什么呢?你忘记了当初那个笨手笨脚的年轻小伙子了吗?"

　　一番自我反省之后,我得出了这样的结论:比起我当年的样子,19岁的约瑟芬的水平远远在我之上。我不得不承认,我对她的称赞实在是太少了。

　　所以在那之后,当我想要批评她的工作疏漏的时候,我一般

会说:"你犯了一个错误,约瑟芬,但是我曾经还做过更加糟糕的事情。经验需要日积月累地积累,我在你这个年纪做得远不如你。我也犯过很多错,所以我并没有资格批评你。你不妨换个方式试一下,看会不会更好?"

在批评别人之前先承认自己的错误,这样别人会更加容易接受你的批评。

蒂里斯通是一名加拿大工程师,他对新来的秘书颇有意见。当秘书把抄写好的口述信件交给他时,他总能发现每页信件上都有两三个拼写错误。这让这位工程师很头疼,他该怎么办才好呢?

像许多工程师一样,我也总是会犯一些拼写上的错误。多年来我一直随身携带一个笔记本,方便随时记录下我拼写错误的单词。很明显,只是指出错误并不能提升我的工作能力。

我决定采取另一种方法。当下一次信件出现错误的时候,我就坐下来对我的秘书说:"不知怎的,这个词看起来并不正确,不过我也经常犯这个错误。"我把我随身携带的笔记本给她看。翻到其中的某一页,上面有客户对我的拼写错误的纠正,这样的低级错误让我显得非常不专业,所以我格外重视。

我不知道她是否采用了我的建议,但自那次谈话以来,她的拼写错误频率已大大降低。

想象一下，几句贬低自己并赞美他人的话语就可以将一个年轻人变成一个出色的秘书。在我们的日常交往中，谦卑和赞扬会发挥怎样的作用。正确地使用它们将在人际关系中创造真正的奇迹。

承认自己的错误——即使还没有纠正的错误——可以帮助他人改变他的行为。这里有一个现成的例子，马里兰州的克拉伦斯·泽豪森用他最近的经历证明了这一点，他最近发现他15岁的儿子开始抽烟。

>当然，我不希望戴维抽烟，但是我和妻子都抽烟，我们给他树立了一个负面教材。我向戴维解释，我是如何在他的年龄开始抽烟的，以及我是怎样逐渐对尼古丁上瘾的，现在已经很难戒掉。我提醒他，我咳嗽的毛病让我有多痛苦，以及抽烟这个陋习给我的生活造成了怎样的后果。
>
>我并没有直接、粗暴地让孩子别再抽烟，也并没有用抽烟造成的恶劣后果来警示他。我所做的只是告诉他我的经历，还有抽烟给我的生活造成了怎样的后果。
>
>他想了一会儿，决定在高中毕业之前不抽烟。随着岁月的流逝，戴维从未开始抽烟，也无意这样做。
>
>由于那次谈话，我决定戒烟，在家人的支持下，我取得了成功。

◎ 原则3：在批评对方之前首先谈论自己的错误。

4. 没有人喜欢被命令

我曾有幸和美国传记作家伊达·塔贝尔小姐一起用餐。当我告诉她我正在写这本书的时候,我们开始讨论与人相处的重要主题,她告诉我,她在写欧文·扬的传记时,采访了一个和扬一起工作过3年的同事。这名男子宣称,在一起工作的那段时间里,他从未听过欧文·扬直接向任何人发出命令。他总是提出建议,而不是命令。欧文·扬从来不会说"做这或做那"或"不要做这个或不要做那个"这样的话。秘书将他的口述信件打印出来之后,他会用询问的语气说"您觉得这样考虑怎么样?"或"这个说法换一下,会不会更好些?"他总是给人们自己做事的机会,而不是告诉别人该怎样做事。他总是鼓励别人,在错误中吸取教训。

这样的方式使人们很容易纠正错误,他全面地照顾到了别人的自尊心,让别人愿意和他合作。

即使是非常明显的错误,直接的指责也会引起他人的抵触和不满。宾夕法尼亚州怀俄明州一所职业学校的老师丹·桑塔雷利告诉过我们一件事情，他有一名学生把车停错了地方，堵在了学校的大门口，有一位老师非常生气地冲进教室，大声责问："谁的车挡住了车道？"立马有一位学生承认了。这位老师继续说道："用最快的速度把车子弄走，不然我马上拿铁链把车锁上拖走。"

那个学生错了，汽车不应该停在那里。但是从那天开始，那个学生不仅对教师的行为感到不满，而且班上的所有学生都对这位老师心生厌恶，使得他的教学工作很难继续进行。

他完全可以换一种说话的方式，如果他以一种友好的方式问道："谁的车停在门口？"然后建议这位同学将车开走，以方便其他车辆的进入，学生会非常愿意顺从老师的要求，也不会弄得所有同学都心生厌恶。

以谦卑的态度向别人虚心学习可以激发别人的兴趣，还能吸引更多的客人，让你的生意越来越好。

南非约翰内斯堡的伊恩·麦克唐纳是一家专门从事精密机械零件生产的小型制造工厂的总经理，有一次他接受了一个非常大的订单，但他不确定能否在承诺的交付日期内按时交货。工厂的生产进度实在无法满足这么大的订单量，时间不够充足，由于这个原因，这笔订单或许不得不放弃掉。

这位工厂总经理没有敦促着大家赶订单，而是把所有人都叫到一起，对大家说明了当前所遇到的情况。他向大家说明，这个订单对公司的发展有着十分重要的意义，接着他开始询问每个人的意见：

"我们能做些什么来按时完成这个订单呢？"

"还有谁能想到更好的办法吗？"

"有什么办法可以调整我们的工作时间或人员分配吗？"

员工提出了许多想法并坚持要求他接受订单。他们以"我们能做到"的态度坚持要完成这个订单。最终工厂接受了这个订单，并按时完成了订单量。

聪明的领导者将会——

◎ 原则4：提出问题而不是直接命令。

5. 给对方面子

多年前，通用电气公司面临着将查尔斯·斯坦梅茨从部门负责人中免职的棘手任务。斯坦梅茨是一位在电力方面处于领先地位的天才，但对计算部门的主管工作却一无所知。但该公司不敢冒犯这个人，他是不可或缺的，而且非常敏感。所以他们给了他一个新的头衔。他们让他成为通用电气公司的咨询工程师，于是他有了一个全新的头衔，让别人领导该部门。

斯坦梅茨很高兴。

通用公司也很高兴，他们恰当地改变了这位举足轻重的行业巨星的职务，却没有让任何人感到不满意。问题的关键就在于，他们的做法让斯坦梅茨有面子。

让别人有面子，这对健康的人际关系来说非常重要。但是，这一点我们总是会很容易忽略掉。我们总是很容易忽略别人的感受，有意无意中伤害别人的感情，甚至去指责他人或破口大骂；

在别人面前批评一个孩子或雇员，采取粗暴的态度而不考虑他人的感受。只需要几分钟的思考，一两句贴心的话语，真正理解对方的态度，完全可以避免任何伤害和痛苦！

让我们记住这一点，想一下下次要辞退他人的时候应该怎么做。

注册会计师马歇尔·A.格兰杰在给我的一封信中这样写道：

解雇员工并不有趣，对自己对员工来说都是如此。我们的业务是阶段性的。因此，我们必须让很多人在税收工作完成后就马上离开。

我们行业里有一句俗语，"没有人想当个傻子。"因此，我们在辞退员工的时候，总是尽量把事情做得简单、干脆。我们过去总会这样说："请坐下，史密斯先生，这个阶段的工作我们已经完成了，我们没有更多的工作能继续让你来做了。当然，你知道你只是在忙碌的时候过来工作的……"。

这样的做法会让人感到很失望，有一种非常失败的感觉。他们中的大多数人都在会计领域终生工作，过分随意地辞退这些人显得非常的冷漠、无情。

我最近采用了一个更容易让人认同的方式。首先我充分了解每个人当前具体的工作情况，然后把这些员工请到办公室来。我会这样说："史密斯先生你做得很好（如果他确实做得好的话）。上次我们把你送到纽瓦克,你的任务很艰难,但你还是按时完成了你的工作。我们希望你知道公司因为有你这样的员工而感到骄傲。无论你在哪里工作,你都有很长的路要走。这家公司相信你,并且支持你,我们不希望忘记这些。"

结果如何呢?人们离开时的感觉好多了,他们不再觉得失望。他们知道如果公司还有工作要做的话,我们依然会选择让他们继续留下来。当公司下一次有工作需求的时候,他们会心怀感恩之情继续回来工作。

有关面子这个话题,两个班级的成员做了一个专门的讨论。宾夕法尼亚州哈里斯堡市的弗雷德·克拉克讲述了他公司发生的一起事件:

在我们的一次生产会议上,一位副总裁向我们的一位生产监督员提出了非常尖锐的问题,他的语气带有侵略性。在同行面前,这位监督员因为受到羞辱而变得慌乱、语无伦次。不料想,这位副总裁却更加生气了,指责对方是在说谎。

这样一来,这位监督员之前与公司建立的良好关系立马土崩瓦解,原因就是副总裁的一番羞辱。这位监督员原本上是一名优秀的工人,从那时起就变得非常消极,工作上也非常不用心。几个月后他离开了公司,为竞争对手工作,他在那里做得很好。

人性的弱点

另外一位成员安娜·马佐尼讲述了一个相关的类似事件，与之前那个故事不同的是，这一件事的处理方式和结果都完全不同。食品包装商营销专家马佐尼女士获得了她的第一个工作任务——新产品的测试营销。她告诉全班同学：

当测试结果出来时，我感到很沮丧。我的计划出现了严重错误，整个测试都要重新进行。更糟糕的是，在提交这个测试结果之前，我根本没有时间和老板商谈这个问题。

当我被要求做报告的时候，我吓得直哆嗦。我尽我所能保持冷静，以防我会崩溃或哭出来，为了不让大家觉得我的情绪波动很大，影响我将来继续做这个工作。我简要地做了我的报告，诚恳地承认调查中出现的错误，我表示会在下次会议之前重新做报告。我坐下来，觉得我的老板很可能会破口大骂。

相反，他感谢我的工作，说一个人在一个新项目上犯错是正常的，并且他有信心我能完成好第二次调查。他在所有同事面前对我表示了他的信心，而且我已经尽力而为。他觉得只是我缺乏经验，而不是缺乏能力。

开完那次会议之后，我下定决心不再让我的老板失望。

即使我们是正确的，而对方绝对是错误的，如果我们让对方没有面子，我们自己也得不到任何好处。传奇的法国航空先驱和作家安托万·德·圣·埃克苏佩里曾写道："我没有权利去说或做贬低他人自尊的事情。我对他人的评价没那么重要，重要的是他人对我们的评价。伤害他人的自尊是一种罪恶。"

◎ 原则5：给对方面子。

6. 如何激励人们走向成功

皮特·巴洛是我的老朋友。他是一名驯狗师,一生跟随着马戏团到处表演。我喜欢看皮特的驯狗演出。我注意到,当一只狗显示出一点点进步的时候,皮特就会拍拍它并称赞它,并奖赏给它一些肉食。

这不是什么新鲜事。几个世纪以来,动物训练师一直在使用相同的方法。

我想,我们在改变人类的行为方式时,可不可以借鉴驯狗的方式?为什么我们不利用赞美代替谴责呢?让我们去赞美哪怕是最微小的改进,这会促使人们继续改进。

心理学家杰斯·莱尔在他的书《我什么都没有,我只有我自己》中评论道:"赞美就像温暖人类精神的阳光;如果没有它,我们就无法开花和成长。然而,我们许多人所做的却是直接的批评,而不愿意去分享赞美的阳光。"

我可以回顾自己的生活，看看几句赞美之词在哪里彻底改变了我的整个未来。你的情况又是怎样的呢？在人类历史上，这样的事情屡见不鲜。

例如，很多年前，一个十岁的男孩在那不勒斯的一家工厂工作，他渴望成为一名歌手，但他的第一位老师劝阻他："你不能唱歌，你的声音听起来就像百叶窗里的风。"

但是他的母亲，一个贫穷的农民妇女，搂着他称赞他，并且告诉他，她知道他可以唱歌，她已经看到了儿子的进步，她赤脚走路以省钱支付他的音乐课费用。农民母亲的赞美和鼓励改变了那个男孩的生命。他的名字是恩里科·卡鲁索，他成了他那个时代最伟大、最著名的歌剧演唱家。

在19世纪初，伦敦的一个年轻人渴望成为一名作家。但一切似乎都在阻挠他。他仅仅只上了四年学。他的父亲因为无法偿还债务而被投入监狱，这位年轻人经常忍受饥饿。最后，他得到了一份为瓶子贴标签的工作。

在一个老鼠肆虐的仓库里，他晚上睡在一间凄凉的阁楼房间里，和另外两个来自伦敦贫民窟的男孩挤在一起。他对自己的写作能力缺乏信心，他偷偷溜出来并在深夜邮寄了他的第一份手稿，以防有人嘲笑他。他遭受了一次又一次的拒绝，终于有一天，他人生中的第一份稿件发表了。尽管没有得到任何报酬，只有一位编辑给了他认可，但他依然非常激动，他漫无目地漫步在街道上，泪水漫溢他的脸颊。

他通过发表一篇文章获得的赞美和认可改变了他的整个生

命，因为如果没有那种鼓励，他可能一生都在老鼠出没的工厂里工作。你可能听说过那个男孩，他的名字叫查尔斯·狄更斯。

伦敦的另一个男孩的职业是干货商店职员。他不得不在5点钟起床，每天工作14个小时。这纯粹是苦差事，他鄙视它。两年后，他不想再忍受了，所以他有一天早上起床，没有吃早餐就步行十五英里去和他的母亲交谈，他的母亲是一名管家。

他很崩溃，他哭着恳求他的母亲。他说如果他不得不继续留在商店，他会自杀。然后他给老校长写了一封长长的、可怜巴巴的信，声称他伤心欲绝，不再想活下去了。老校长称赞他非常聪明，适合做更好的事情，并为他提供了一份老师的工作。

这种赞美改变了那个男孩的未来，并在英国文学史留下了辉煌的一笔。因为那个男孩接下来写了无数畅销书，并用他的笔赚了一百多万美元。你可能听说过他，他的名字是赫伯特·乔治·威尔斯。

使用赞美而不是批评是心理学家斯金纳所倡导的理论的基本概念。这位伟大的当代心理学家已经通过对动物和人类的实验证明，只要多多赞美，少去批评，实验对象就会做出更加积极向上的反应，同时大大减少错误。

北卡罗来纳州洛基山上的约翰·林格斯堡用这种方式对待他的孩子。似乎在许多家庭中，父母与孩子们的主要沟通形式是对他们大喊大叫。并且，在很多情况下，孩子们每次在这样的教导之后会变得更糟而不是更好。父母也是这样，这个问题似乎没有尽头。

林格斯堡先生决定使用他在课程中学到的方法来解决这个问题。他说："我们决定不在他们的缺点上喋喋不休。刚开始的时候，小孩子很容易做错事情，要找到赞美的东西真的很难。我们想尽办法找机会去称赞孩子，然后孩子所犯的错误越来越少，后来就完全不犯错误了。他们越来越多地去做我们称赞的事情，直到最后，我都难以置信，我的孩子竟会变得如此优秀。当然，在这个过程里面小孩依然会犯一些小错，不过孩子的变化实在太大了。我最后终于明白，面对孩子的错误，没有必要像以前那样大动肝火。"

这个方法也适用于工作。加利福尼亚州的基思·罗珀在一家印刷公司工作，他经常会接受很多印刷业务，有一些对印刷品质的要求非常高。有一个新来的员工，不能适应这样的压力，总是会犯一些或大或小的错误，领导们对他很有意见，打算尽快把他辞掉。

当罗珀先生被告知这种情况时，他亲自去到印刷厂与这个年轻人谈话。罗珀先生告诉这个年起人，他对刚刚收到的作品非常满意，并说这是他在那家商店里看到的最好作品。他指出了为什么它更优越，以及年轻人对公司的贡献有多重要。

你觉得这影响了这个年起人对公司的态度吗？几天之内，这个年起人就有了一个彻底的转变。他告诉他的几位同事有关那次谈话的内容，还有其他人如何真正感谢他们的出色工作。从那天起，他就成了一位忠诚敬业的员工。

罗珀先生所做的不仅仅是恭维年轻人，说"你很好"。他特别指出了他的工作是如何优越。因为他特别指出了一项具体的成就，而不是仅仅做出一般性的恭维言论，他的称赞对于被给予的人来说变得更有意义。每个人都喜欢受到赞扬，但是当赞美更加具体的时候，它变得更加真诚。

请记住，我们都渴望得到欣赏和认可，并且愿意做任何事情来获得它。但没有人想要欺骗，没有人想要奉承。

让我再说一遍：本书教导的原则只有在它们发自内心时才有用。我不是在鼓吹什么把戏，我是在谈论一种新的生活方式。

谈论如何改变人们。如果你和我去激励与我们接触的人，去鼓励他们开发自己的潜能，我们所做的远不止改变人们，我们还能让他们的人生发生彻底的改变。

这听起来夸张吗？那就让我们听听威廉·詹姆斯这位杰出心理学家、哲学家的观点：

> 相对于我们所面对的困难，我们的潜能就像是沉睡的雄狮。我们只利用了我们身体和精神资源的一小部分。从广义上说，人类的各种能力并未被充分开发。人类拥有各种各样的能力，但大家却都让这些能力废弃闲置。

是的，正在阅读这些文字的你拥有各种各样的能力，而这些能力你并没有进一步地开发；你可能没有最大限度地激发这些沉睡的能力，它们足以让你取得惊人的进步。

批评会让人消极低沉,赞美则会让人奋发向上。要成为优秀的领导者请做到——

◎原则6:赞扬每一点微小的改进,要真诚地赞美,并且越多越好。

7. 赞美能彻底改变一个人

当一个好工人开始频繁出错时,你会怎么做?你可以解雇他,但这无法解决任何问题。你可以指责工人,但这通常会引起怨恨。亨利·汉克是印第安纳州洛厄尔一家大型卡车经销商的服务经理,他手下有一名员工的工作成绩不那么令人满意。汉克先生没有大声叫喊,而是把这名员工叫进办公室和他面对面地交流。

"比尔,"他说,"你是一名优秀的机械师,你已经做了很多年的工作。客户对你非常满意,我们对你所做的工作也很满意。然而,最近你在完成每项工作时所花费的时间一直在增加,你的工作还没有达到你原来的标准。因为你过去一直是一位杰出的机械师,所以你一定会理解我为什么对这样的情况不满意,不过我们可以一起找到解决问题的办法。"

比尔回答说,他没有意识到目前的这种状况,并向老板保证他所从事的工作并未超出他的专业范围,他将来会努力改进。

他做到了吗？当然。他再次成为一名高效率的机械师。凭借汉克先生给予他的声誉，他再次找回了工作热情，变得更加勤奋、努力。

鲍德温机车厂总裁塞缪尔·沃克兰说过，如果你尊重他，并且表现出尊重那个人的某种能力，你就可以很轻松地领导他。

简而言之，如果你想在一定程度上改善一个人，就需要对这个人的特长和优点进行赞扬。莎士比亚说："假如你希望获得某个人的优点，不妨公开赞美他的优点，先去赞扬别人。如此一来，别人会更加努力，免得辜负你的期望。"

乔治特·勒布朗在她的著作《一生的纪念：我与梅特林克的生活》一书中描述了一位不起眼的比利时灰姑娘的惊人转变。

一位来自邻近酒店的仆人女孩给我带来了饭菜，她被人们称为"玛丽洗碗机"，因为她人生的第一份工作是酒店厨房的杂工。她长得不好看，斜眼歪腿，整体来说是一个可怜的人。

有一天，当她用红色的手端着一盘通心粉盘送给我时，我直截了当地对她说："玛丽，你不知道你的内在有多美。"

平常习惯于隐藏自己情感的玛丽，听完我的话一下竟呆住了，好像犯了什么错误似的，一动都不敢动。然后她把盘子放在桌子上，叹了口气，认真地说道："夫人，我简直不敢相信。"她没有说别的话，也没有表现

出怀疑，只是嘴里一直重复着我刚刚说过的话。从那天开始，她开始慢慢相信别人不再取笑她，与此同时，大家好像也确实对她投入了更多的关注。最奇特的事情发生在了玛丽身体上，她弱小的身体好像生发了别样的活力，她越来越关注自己的外貌和体形了，那些身体上的缺陷也越来越不明显了。

两个月后，她宣布她将与厨师的侄子结婚。"我将成为一名新娘了。"她告诉我，并且感谢我当时的那一句简短的赞许，改变了她的一生。

乔治特·勒布朗给予了"玛丽洗碗机"巨大的声誉，这种声誉改变了她。

佛罗里达州代托纳比奇一家食品公司的销售代表比尔·帕克，对他公司推出的新系列产品感到非常兴奋，但不知道为什么，另外一家公司终止了这一新系列产品的展示，他感到很沮丧。比尔整天都为这件事情感到心烦意乱，并决定在那天晚上回家之前到那家公司去看看是怎么回事。

"杰克，"他说，"自从我今天早上离开后，我觉得我没有让你体验我们的新产品，我很感激你有时间听我给你做一个介绍。我很尊重你，你总是愿意倾听。"

杰克会拒绝听吗？他是不会拒绝这份赞美的。

一天早上，爱尔兰都柏林的牙医马丁·菲茨休感到震惊，他的一位病人向他指出，放漱口水纸杯的金属架并不是很干净。没错,虽然病人是拿纸杯喝水,但纸杯下面的金属架确实锈迹斑斑,这拉低了诊所的档次。

患者离开后,菲茨休回到他的私人办公室,向女仆布里吉特写了一张便条,她每周来两次清理他的办公室。他写道:

亲爱的布里吉特:

我很少见到你,我想我得感谢你一直在做的清洁工作。顺便说一下,我觉得每周两次的打扫不算多。如果可以的话,我想请您来诊所多做半个小时的清洁,比如清洁漱口水纸杯的金属架。当然,我会付给你额外的费用。

结果如何呢?菲茨休博士告诉我们:

第二天,当我走进我的办公室时,"菲茨休说,"我的桌子像镜子般光洁。当我进入治疗室时,我看到了一个我见过的最闪亮、最干净的金属架。我给了这位清洁工一个小小的赞扬,她就完成了她最优秀的表现。她花了多少时间在这上面?其实和过去相比差不多。

有一句古老的谚语说:"言多必失。"但是你试试多赞扬别人,看看会发生怎样的事情!

当纽约布鲁克林的四年级老师露丝·霍普金斯夫人在上学第一天看着她的班级名单时,不由得一丝担心。她的班级里会有汤米，这是学校最臭名昭著的"坏男孩"。他之前的老师经常向同事、校长和其他人抱怨汤米。他不只是恶作剧，而且还有严重的纪律问题，与男孩打架、戏弄女孩、不尊重老师，随着年龄的增长，情况似乎变得更糟。但他还有一个优点，就是可以在很短的时间内熟练掌握功课。

　　霍普金斯太太决定立即着手应对这一问题学生。通常，每当见到新学生，她都会给予小小的赞许。"萝丝，你穿着漂亮的衣服。""艾丽西亚，我听说你画画很漂亮。"当她来到汤米面前时，她都会直视着他的眼睛说："汤米，我知道你是一个天生的领导者。我将依靠你帮助我，让这个班级成为今年四年级的最佳班级。"她在最初几天，总是肯定汤米所做的事情，并说他是一个好学生。有了这样的赞扬，九岁的汤米没有让她失望，他变得非常努力，让自己匹配这些赞美。

　　如果你想改变别人的态度或行为，成为一个优秀的领导者，请授予他人名誉。

　　◎ 原则7：用赞美激励他人，他人会更加努力。

8. 鼓励对方勇于改变

我的一个朋友，大约40岁，订婚了，他的未婚妻劝他参加一些舞蹈课，但他却迟迟不肯。他告诉我说：

上帝真的知道我需要上舞蹈课，因为20年前我就学过跳舞。我的第一位老师告诉我，我跳得很差。或许第一位老师是实话实说，但严重挫伤了我的自信，让我没有动力去继续，所以我放弃了。我想，我需要忘记这一切，然后重新开始。

第二位老师可能没有跟我说实话，但我很喜欢。她不假思索地说，我的舞蹈也许有点过时了，但基本原理还不错，她向我保证，只要我一直保持努力，不久之后就可以学会新的舞步。第一位老师打击了我，第二位老师却包容我的错误，不断鼓励我。她很有信心地对我

人性的弱点

说:"你有一种自然的节奏感,你天生就是跳舞的,真的。"我的常识告诉我,我现在和将来都不太可能成为舞蹈家。但在内心深处,我却有这样一个小小的愿望。确切地说,我是在掏钱让她这么说,但是揭穿这一点又有什么益处呢?

无论如何,听了她的话之后,我确实比之前跳得好一些。那些话鼓励了我,这给了我希望,让我想要进步。

如果你告诉你的孩子、你的配偶或你的员工,他做某件事做得很糟糕,那你这就严厉打击了别人的自信心。但如果相反,你总是给他鼓励和赞扬,事情就会向好的地方发展。

洛厄尔·托马斯是一位出色的人际关系艺术家,他运用这种技巧给人以信心,赋予他人以勇气和信念。例如,我和托马斯夫人度过了一个周末。晚上的时候,我被他们邀请一起打桥牌。但对打桥牌这事,我几乎不懂。我一直觉得打桥牌非常复杂,我根本学不会。

"为什么,洛厄尔,这根本不复杂,"洛厄尔回答道,"只需要一些记忆和判断而已。你已经写过关于记忆的文章,桥牌对你来说应该是一个非常轻松的小游戏。"

然后我就有点迷迷糊糊,人生第一次坐在了桥牌桌前。之后我发现我有打桥牌的天分,其实这个游戏挺简单,只是之前一直没人告诉我。

说起桥牌，我想起了埃利·克勃森。他写了很多关于桥牌的书，已经被翻译成十几种语言，售出超过100万本。但是他告诉我，要不是曾经有一个年轻女士赞扬他的天分，他这辈子都很可能都与桥牌没有任何关系。

他1922年来到美国，试图找一个教哲学或社会学的工作，但一直没找到合适的。然后他不得不尝试卖煤，然后又试着做咖啡方面的生意，但都失败了。

他曾经打过桥牌，但他实在没想到会成为这方面的专家。一开始他打得非常差，性格又很固执，总是去责难别人，大家都不愿意和他打交道。

然后他遇到了一位漂亮的桥牌老师，约瑟芬·迪伦，他们坠入爱河并结婚了。约瑟芬发现克勃森在打桥牌的时候会一边分析，就对他说他将来一定会成为桥牌专家。克勃森对我说，他的成功就是源于这一句话。

克拉伦斯·琼斯是我们在俄亥俄州辛辛那提市的课程讲师之一，他告诉我们，在赞扬之下他的孩子觉得改变错误并不困难，这改变了他孩子的一生。

1970年，我的儿子大卫15岁，来到辛辛那提市与我一起生活。在这之前，他一直过着艰难的生活。1958年，他的头部在事故中受伤，额头上留下了非常严重的伤疤。1960年，我和他的母亲离婚了，他和母亲一起搬到了德克萨斯州的达拉斯。在达拉斯的学校里，他一直被当作是有问题的学生,只能接受特殊教育。可能就是因为那一道伤疤,学校认定他的脑部受到了损伤,不能进行正常的学习。他那时候已经是七年级了,与同龄人相比,他落后了两个年级。他不能背出乘法表,不会算算术,几乎没有任何读写能力。

不过有这样一点,他喜欢捣鼓收音机和电视机器,他想成为一名技工。我鼓励这一点,并指出他需要学好数学才有资格参加培训。我决定帮助他熟练掌握数学。我们买了四组卡片:乘法、除法、加法和减法。我们通过卡片向他问问题,如果他答对问题,我会把答对的卡片放在一起;如果他答错问题,我们先会把正确答案告诉他,然后把这些卡片放到另一边。当大卫答对了问题,尤其是之前没有答对的问题,我都会大大赞扬一番,同时我还记录了他答题的所用时间。我对他承诺,如果他能在8分钟之内完成这些题目,我们就不用再重复这些练习了。

这似乎是一个不可能的目标。第一晚花了52分钟,第二晚用了48分钟,然后是45分钟、44分钟、41分钟、40分钟。我们会庆祝大卫的每一次进步。我们都会拥抱他,然后一起跳舞。月底的时候,他在不到8分钟的时间里完美地答完了所有题目。当他有了一些进步后,他会要求再做一次。他发现学习非常有趣好玩。

当然,他的代数成绩也得到了很大提升。令人惊讶的是，在掌握乘法之后，他觉得代数变得非常简单，他还得了一个"B"的成绩，连他自己都震惊了，这种情况从未发生过。然后发生了其他一些同样令人吃惊的变化。他的阅读能力迅速提升，他开始利用天赋进行绘画。在学年后期，他的科学老师指派他布置展览。为了演示杠杆的作用，他动手做了一些复杂的模型。这不仅需要绘画和动手能力，还需要熟练掌握相关的数学原理。这次展览获得了一等奖，并且还入选了城市竞赛，获得了辛辛那提市三等奖。

他做到了。这是一个留过两次级的人做到的事情，他曾经被认为脑部受到了损伤，甚至被同学嘲笑为科学怪人"弗兰肯斯坦"，现在他终于相信自己的潜力了。最后的结果怎么样呢？从8年级开始一直到高中，每年他的名字都会出现在光荣榜上。当他认识到学习并不是一件困难的事情的时候，他的人生也发生了变化。

如果你想帮助别人改变，请记住：

◎ 原则8：用鼓励的方式，让改正错误变得更容易接受。

9. 让人们乐意接受你的建议

"让人们乐意接受你的建议"是一种有效的沟通方法。印第安纳州韦恩堡的戴尔·费里尔使用这个方法鼓励他的一个孩子自愿做家务。

杰夫的任务之一就是在梨树下捡梨子,这样在附近剪草的农民就不会踩到地上的梨子了。他不喜欢这种家务活,所以经常做得很不好,以至于农民在地里干活的时候还得时不时地捡起地上的梨子。我没有给儿子脸色看,而是对他说:"杰夫,我与你做一个协议。每装满一篮梨子,我都会给你1美元。但是你完成工作之后,我如果发现地上还有没捡完的梨子,一个梨子扣1美元,这听起来怎么样?"果然不出所料,他不仅捡干净了地上的梨子,还恨不得把树上所有的梨子都摘下来呢。

我认识这样一个人,他总是会收到各种各样的邀请,有的来自朋友,有的是受其他人情所托。他可以十分巧妙地拒绝这些邀请,而不让对方感到尴尬。他是怎么做到的呢?他不会编造借口为自己寻找各种各样的理由。他首先是大大赞扬对方,然后为自己的不能出席而道歉,接着为对方推荐其他合适的人选。换句话说,他没有给对方生气的机会,他马上将对方的注意力转移到了另一位人选身上。

甘特·施密特参加了我开设的一个培训课程。他管理着一家食品商店,有一位员工总是把价格标签贴错,这引起了很多不满,并遭到了顾客的投诉。施密特先生对这位员工提出了警告,结果都无济于事。最后,施密特先生打电话把她叫到办公室,让她以后负责监督所有货品的价格标签。这个新的头衔彻底改变了她的态度,从那时起,她的工作再没出现过错误。

听起来很幼稚吗?或许是吧。可据说,拿破仑也曾使用过这一招,他为战士们颁发过15000个勋章,为18名将领授予了"法国元帅"的荣誉称号。拿破仑遭到批评,说这些荣誉不过是一种"玩具",拿破仑回答说:"男人受到玩具的统治。"

拿破仑的这一套方式对每一个人都有用。例如,我的一个朋友,纽约斯卡斯代尔的欧内斯特·格特夫人,为男孩儿践踏他的草坪而感到心烦意乱。他试过批评和哄骗,但都没有奏效。最后他把领头的小男孩找过来,让他负责监督别的男孩,这一下解决了她的问题。这个领头的小男孩在院子里点燃了一堆篝火,把铁棍烧得通红，警告其他男孩谁要是敢靠近草坪，他就拿这个铁棍烫谁。

想要改变别人的行为时，优秀的领导者应该牢记以下准则：

1.真诚。不要承诺任何你无法提供的东西。不要自私自利，要想着给对方好处。

2.知道你想让对方做什么。

3.善解人意。问问自己，其他人真正想要的是什么。

4.考虑人们从你的建议中得到的好处。

5.将这些好处与其他人的需求相匹配。

6.自己在获取利益的同时也要让其他人获得利益。

我们可以发出直接的命令："约翰，明天我们有顾客进来，我需要清理库房。好好扫一扫，把货物在货架上摆放整齐。"我们可以换一种方式来表达这个想法，让对方也感到有利可图："约翰，我们有一份工作应该立即完成。如果早点做完的话我们以后就不用老是想着这事儿了。我明天带一些顾客来参观我们的仓库，但是仓库现在很乱。如果你现在打扫干净，把货品摆放整齐，然后擦亮柜台，会给顾客留下很好的印象，你也为公司的发展贡献了一份不菲的力量。"

约翰听到这个建议会开心吗？可能不是很开心，但比第一种情况要好得多。假设约翰能把打扫仓库当作自己分内的事情，并且能为公司的发展贡献一份力量，他会很乐意去做这件事。他会知道这件事情非常紧迫，现在完成它以后就不用再操心了。

如果你觉得使用这些方法肯定会生效，那也太天真了。不过,更多人的经验表明,用总比不用要好,起码有一个好的态度。哪怕你的成功概率只提高10%,你的领导能力也会提高10%,这些都和你自己是切身相关的。

当你使用的方法得当时,人们更容易配合你的工作。

◎ 原则9:让人们乐意接受你的建议。

※ 改变他人,成为一名优秀的领导者。

- 原则1:以真诚的赞美开始交流。
- 原则2:委婉地纠正别人的错误。
- 原则3:在批评对方之前首先谈论自己的错误。
- 原则4:提出问题而不是直接命令。
- 原则5:给别人面子。
- 原则6:赞扬每一点微小的改进,要真诚地赞美,并且越多越好。
- 原则7:给予对方良好的声誉。
- 原则8:用鼓励的方式,让改正错误变得更容易接受。
- 原则9:让人们乐意接受你的建议。

· 第五部分 ·
创造奇迹的信件

我敢打赌，我知道你在看到标题后想什么。你可能会对自己这样说："创造奇迹的信件？别扯了吧！看起来像医药广告！"

你这样想，我不怪你。十五年前，如果我看到这个标题，我也会和你有一样的想法。你对我有所怀疑？可以，我就喜欢有怀疑精神的人。我在密苏里度过了我生命中的前二十年，我喜欢当地人的怀疑精神。历史上的伟大进步都来自于那些怀疑的人、质疑的人、挑战的人，以及不轻易相信的民众。

所以实话实说，"创造奇迹的信件"这个题目精准吗？不精准，坦率地告诉你，我也觉得这个标题不妥。事实是，本书展示的信件所产生的收益非"奇迹"二字不可形容，有谁这么认为呢？他就是美国最有名的推销员肯·戴克，他曾经是佳斯迈威公司的经理，后来是高露洁公司的广告总监，是美国广告协会的董事会主席。

戴克先生说，他过去寄给经销商的信件，一般的回复率都在5%到8%，达到15%就已经很了不起了，达到20%就是破天荒的事情。

这一章附带了戴克先生的信件，它的回复率竟高达42%，也就是说，这封信比奇迹还要神奇一倍。他是怎么做到的呢？这是肯·戴克自己的解释："我参加了卡耐基先生的'情感交流和人际关系'的课程之后，信件的回复率发生了惊人的增长。我意识到我之前使用的方法都是错误的。我试图运用本书教授的方法，我在这样做了之后，信件的回复率提高了500%到800%。

下面就是这封信。这封信的姿态就是"请对方帮忙",这让对方的自我感觉非常良好,激发出了对方的优越感。括号里面的内容是我的评论。

约翰·布兰克
xx郡
印第安纳州

亲爱的布兰克先生:

我想问问您能否请您帮个忙?

(让我们想象一下,印第安纳州的一家木材经销商收到了佳斯迈威公司的一位高管的来信,在这封信的第一行,这位高管请求另一位同事帮助他摆脱困境。我可以想象印第安纳州的经销商可能会对自己这样说:"好吧,纽约的这个家伙陷入了困境,他算是找对了人。我总是慷慨帮助别人,让我看看这个家伙遇到了什么麻烦!")

去年,我成功说服了我们的公司,帮助经销商承接屋顶翻修的业务(在印第安纳州的经销商可能会说:"当然应该这样,他们应该为此付出代价。他们赚走了大部分利润。不过这家伙到底遇到什么麻烦了呢?")

最近,我向1600经销商发送了这份邮件,可喜的是,他们中的大部分人对这样的合作方式很感兴趣,并且认为这样的合作方式对他们的业绩提升会很有帮助。

有了这可喜的结果之后,我们有信心把邮件发送给更多的经销商,觉得一定会得到您和其他经销商的青睐。

但今天早上,我们的董事长与我讨论了我去年的工作报告,董事长问我去年的业绩有多少。然而,这个问题只能由您来帮我回答。

("这个问题只能由您来帮我回答",这一句话太有水平了。这个纽约的大人物说的是实话,并且,他的这句话表示了他对这位经销商的重视。请注意,肯·戴克并没有花时间去讨论他自己的公司多有名,而是不遗余力地表明他多么敬仰对方。肯·戴克承认,如果没有经销商的帮助,他甚至无法向董事长进行汇报。当然,印第安纳州的经销商就像其他人一样,喜欢这种奉承话。)

我想麻烦您告诉我:(1)去年这一新的方案为您带来了多少新的订单,表格附在信件后面。(2)这些订单的实际价值是多少(扣除成本之后)。

如果您能这样做,我会非常感激你给我这些信息。

您真诚的,肯·戴克

广告经理

(请注意,在最后一段中,他突出了"您",让"我"显得很卑微。他的用词非常谦卑,例如"非常感激""请您"等用词。)

特别简洁的一封信，不是吗？戴克先生使用了一种请对方帮忙的方式收获了奇迹，原因是他让对方感到自身很重要。

无论您是在销售石棉屋顶还是开着福特在欧洲巡回演出，这种心理模式都会奏效。

还有这样一个例子：霍默·克罗伊和我曾经在穿越法国时迷失了方向。我们停下老式T型车，询问当地农民怎样才能到达下一个城市。

我的行为在这个地方受到了关注。在这里汽车很少见，农民穿着木鞋，却看见美国人乘车游览法国！他们认定我们是有钱人，说不定是亨利·福特的表兄弟呢。虽然看起来我们比他们有钱，但我们依然摘下了帽子向他们表示敬意，这让他们感觉和荣耀，所以大家都争前恐后地帮我们指路，其中有一个人担心自己说不上话，还要求其他人不要说话。

你自己也可以试一下，当下次你在一个陌生的城市时，向一个社会地位比你低的人谦卑地说："我想麻烦你帮我一个忙，您知道这个地方该怎么走吗？"

本杰明·富兰克林用这个方法将一个仇人变成了终生挚友。富兰克林当时是一个年轻人，他把所有积蓄都投资于一家小型印刷企业。这个职位给他带来了很多政府的印刷业务，并且这份工作有很好的利润，他很想这样保持下去。但此时遇到了一个危机。有一名议会的议员总是看他不爽，在许多公开场合都对他进行了言语攻击。

这是一件不好的事情。富兰克林想要赢得那位议员的好感，他是怎么做的呢？非常困难。奉承他吗？不，这会引起他的怀疑，也会让他瞧不起。富兰克林太聪明了，不会束手无策。他做了相反的事情，他让他的敌人帮他一个忙。

富兰克林可不是向对方申请10美元贷款。富兰克林只是向对方发出了一个有利于对方的小小请求。这一小小的请求表明了富兰克林对对方渊博学识的钦佩，这一点刚好满足了对方的虚荣心。接下来是富兰克林对于这件事情的描述：

> 听说他的书房中里有一本非常稀缺的好书，我给他写了一张纸条，表达了我想读这本书的愿望，几天之内看完立即归还。
>
> 很快，书就送到了我的手上。我一个星期左右看完了这本书，并立即归还，我顺手写了一张纸条给他，表达了我的谢意。
>
> 接下来我们在众议院见面的时候，他很有礼貌地和我打招呼，那是以前从未有过的事，他后来在任何场合都会帮助我，就这样我们就成了好朋友，这份友情一直持续到了他去世。

富兰克林已经去世了150年，但他所使用的心理学方法，对现在的我们依然有很大启发。

例如，我的一个学生艾伯特·阿姆泽尔非常成功地使用了它。多年来，他一直做着管道和导热材料的销售工作，他一直想和布鲁克林的一个大管道商进行业务合作。阿姆泽尔的业务量很大,信用也非常好。但一开始却被这位管道商拒绝了,管道商的举止低俗、言语粗鄙,一般人很难接近他。他坐在办公桌后面,嘴里叼着一支大雪茄,每当阿姆泽尔上门的时候,他都会咆哮道:"我不需要任何东西!不要浪费我的时间,滚!"

然后有一天,阿姆塞尔先生尝试了一个新办法,这个办法可以交到新朋友,并可以带来许多订单。阿姆泽尔的公司正打算在长岛皇后村开设新的分店,这刚好是管道商熟悉的区域,他有很多业务在这片区域。所以阿姆泽尔决定上门拜访,他说:"先生,今天我不会卖给您任何东西。如果您方便的话,我得请您帮我一个忙。不知道能不能占用您一分钟的时间和您聊一下?"

"好吧,"管道商说,移动了一下手中的雪茄。"你想说些什么?快说。"

"我的公司正考虑在皇后村开设分店,"阿姆泽尔说,"您最清楚这个地方和当地人的生活了,所以我来请教您,觉得这一想法是否可行?"

如此一来,一个新的对话方式产生了。长期以来,管道商都自己感觉很好,对所有的销售员都非常不客气,动不动就把他们骂走了。现在有一个销售员竟然来请他帮忙,并且有这样一件大事请他拿主意。

"坐下。"他说,向前拉过一把椅子。在接下来的一个小

253

时里，他阐述了皇后村管道市场的所有情况。他不仅赞同这一新的方案，而且还对其他一系列问题做了完整的规划。这样一来，立马凸显了这位广告商的重要地位。他变得越来越友善，和阿姆泽尔聊了很多生活琐事。

"我那天晚上要离开的时候，"阿姆泽尔先生说，"不仅口袋里放了一笔大订单，而且还收获了一份牢靠的友情。我现在正和这个伙伴一起打高尔夫球。我请他帮忙使他觉得自己受到了很大的重视，之后他的态度就发生了很大的转变。"

让我们来看看戴克先生的另一封信，并再次注意他是如何熟练地应用这种"请人帮忙"的心理学技巧的。

几年前，戴克先生因无法得到商务伙伴、承包商和建筑师的回复而感到很灰心，甚至开始质疑自己的能力。

在那些日子里，建筑师和工程师的回复率很少达到1%，达到2%就是很大的进步，能达到3%就非常好了。如果达到10%，一定是一个奇迹。但是接下来这封信的回复率高达50%，是奇迹的5倍之多，太让人兴奋了。这封信只有短短3页，表达了想要相互合作的良好愿望。

这就是这封信。你可以发现，我刚刚提到的所有心理学技巧在这封信中都得到了印证。我们需要细细研读它，找出它产生如此神奇效果的原因。

尊敬的杜伊先生：

不知道您能否帮助我解决目前遇到的一个小麻烦？

大约一年前，我说服了我们的公司将建筑材料的所有信息都收集起来，将这些信息都分门别类，这也满足了其他建筑商的需要。

所以，我们开始了第一次的尝试，做出了这样一个信息收集册，信件末尾附上。然而，我们的信息收集册上的信息却并不全面。我向经理提过这件事，他并不反对我继续扩充信息，但他要我拿出足够的证据向他证明，我这样做最后能否让信息收集成册成功出版。

当然，我必须向你寻求帮助，因此，今天早上7点我们冒昧地向您以及其他49位建筑商寻求帮助。

为了方便您，我在这封信的后面写了一些简单的问题。如果您方便写上答案，写上任何您想得到的建议，并将信件寄给我们，我会心怀感激。

不管怎样，这都是您的个人选择，至于这本信息收集册是停印还是再版，都和您的建议息息相关。

我非常感谢您的合作。谢谢！

您诚挚的，戴克

销售经理

需要说明的是，按照我的经验，有些人会非常生硬地套用这封信的技巧。但这样做只会显得巴结和虚伪，绝不是出于真诚，只会让对方的虚荣心得到放大，却不会取得好的效果。

需要记住的是，每个人都想得到别人的赞扬和欣赏，甚至可以为此牺牲很多东西,但却不会喜欢别人的巴结和虚伪。

　　让我再说一遍:本书中教导的原则,只有在发自内心时才会产生效果。我没有谈论什么故弄玄虚的东西,这只是一套新的为人处世的技巧。